出版的正反面

徐海 著

江苏人民出版社

图书在版编目(CIP)数据

出版的正反面 / 徐海著. — 南京:江苏人民出版社,2023.1(2023.1重印)

ISBN 978 - 7 - 214 - 27418 - 2

Ⅰ.①出… Ⅱ.①徐… Ⅲ.①出版业－产业发展－研究－中国 Ⅳ.①G239.2

中国版本图书馆 CIP 数据核字(2022)第 135075 号

书　　　名	出版的正反面
著　　　者	徐　海
责 任 编 辑	马晓晓
装 帧 设 计	薛顾璨
责 任 监 制	王　娟
出 版 发 行	江苏人民出版社
地　　　址	南京市湖南路 1 号 A 楼,邮编:210009
照　　　排	江苏凤凰制版有限公司
印　　　刷	南京爱德印刷有限公司
开　　　本	850 毫米×1168 毫米　1/32
印　　　张	11　插页 4
字　　　数	209 千字
版　　　次	2023 年 1 月第 1 版
印　　　次	2023 年 1 月第 2 次印刷
标 准 书 号	ISBN 978 - 7 - 214 - 27418 - 2
定　　　价	88.00 元

(江苏人民出版社图书凡印装错误可向承印厂调换)

从业计余年，写的连多并明白的事，
不讲别人说过以及自己说不清楚的了。

徐海

关于出版业高质量发展的深入思考

邬书林

《出版的正反面》是一部专题研究新时代出版业高质量发展有关问题的专著,语言通俗,又富有学术含量。作者以新时代出版业所面临的巨大变革为出发点,以作者亲历的出版工作30余年理论和实践经验为基础,从正、反两个方面,剖析出版业高质量发展面临的问题、需要改进的地方、需要避免的陷阱和努力的方向,并从出版一线工作者的角度,深入、细致地提出具体可行的策略和建议。

第一部分"宏观思考",基于对出版史的简要回顾,在千年未遇的出版业发展变局大背景下,研判了当下出版行业所面临的具体形势,进而分析指出我国出版业高质量发展的必然要求、基本路径,以及所要注意的问题。对于社会效益与经济效益有关问题,做了学理和操作层面上的深入辨析;对于主题出版工作取得的成就、所面临的困难,做了细致梳理,并提出提升之道。

第二部分"作为组织的出版社",所谈问题目前更是较少有人论及。作者从组织行为学的角度,重点从出版业经营主体的中观视角提出许多新观点、新看法;对出版社这一关键组织的运行机制、战略战术、价值目标,以及其中的人才分类和成长阶梯等问题,做了深入剖析;结合实际经验及具体个案,对出版企业上市的得失利弊进行了认真思考,提出注意事项。对出版社来说,社长、总编辑,以及编辑人才队伍,可谓编辑出版生产线上的核心人力资源。本章分别对社长、总编辑的岗位要求与核心素养,编辑的等次高低与进阶方法等做了系统探究。在我国,民营出版机构堪称出版业的重要力量,其所具有的长处与短处,对于新时代出版高质量发展的积极意义,理应被关注却从未被深入研究,作者鞭辟入里地进行了分析,从动力与生产机制角度,对国有与民营两种所有制下的出版、制作与发行特点做了对比,并对国有出版机构吸收借鉴民营书业优点的可能性、可行性做了富有新意的讨论,极富创造性。

第三部分"经营的细节",从微观视角去考察出版机构经营管理的得失,进而总结经验、提炼规律,为出版机构提供借鉴和参考。本部分重点对营销与发行这两个经营关键环节予以探讨,尤其指出了营销在新时代出版高质量发展过程中的重要性,进而详细分析了营销的主体、营销的对象、营销的过程、营销的手段、营销的准备,以及营销能力的养成和营销能力的提高等有关问题。对出版社从策划选题、编辑加工书稿到装帧设计、印制成书及至营销、销售图书等各个环节的运作规律进行抽象的总结提炼，对易犯错误进行提醒。经营有好也有坏，这直接关系出版社的兴与衰。本部分把上级部门重视还是折腾、社领导班子有活力还是无力、人员流出还是流入、库存上升还是减少、好书出现还是消失等五个维度，作为判断出版社经营好与坏的重要参考，结合案例做了具体分析。对出版大工程以及新书与老书的正反两方面思考，尤见珍贵。非实务亲历者、非用心思虑者，绝不可能得出如此多令人耳目一新的结论。

第四部分"出版的陷阱"，集中从"反面"来梳理多年来出版高质量发展过程中可能产生的偏差、失误。重点从管理角度分析导向与质量问题，并从法律角度，对非法与违规问题、侵权与被侵权问题、出版物中的淫秽与色情问题、出版物中的侮辱与诽谤问题、出版物中的照片与肖像问题进行分析，指出出版单位可能承担的法律责任等。在展开这些内容时，作者较好地把握了这些问题法律与出版的专业性。此外，这一部分还引证了丰富的相关案例，增强了可读性。

改革开放四十多年来，特别是进入新世纪以来，随着数字技术、互联网发展和出版单位事业改企业并纷纷上市，中国出版业发生了巨大的变化，进入新时代，这种变化更为明显。本书作者目睹了这一变革进程，并从理论到实践都有亲自参与。作者立足正反两方面，深入、细致地进行描述、剖析、审问和立论，思人所未思、言人所未言，对众多对立统一的出版范畴进行梳理挖掘、辨其真伪。书中列举众多亲历案例，并分析其成败得失，可为中国出版业从业者带来一定的启示。

　　我与作者徐海相识二十余年,从他在新闻出版局音像处担任处长到担任版权处处长,再到担任江苏人民出版社社长直至如今担任凤凰传媒总编辑分管内容生产,我目睹了他的工作和进步。本书内容与其为人一样,真诚、执着、善思、务实,写作方法也与其为人一样,轻松、幽默、诙谐、风趣,读来常令人忍俊不禁。我乐为本书作序,并希望本书在宏观政策制定和微观经营操作方面都给大家带来思考、启发和借鉴。

目 录

左图：永乐大典 卷 20572 积字 明嘉靖隆
庆时期内府重写本

右图：中世纪手抄本缮写士

第一部分

宏观思考

永樂大典卷之二萬五百七十二

積 大寶積經十

淨居天子會第四之二　復次金剛

魔業增盛非業障彼應修無礙

六地初地若夢見袚襜在

是魔業不勤修初地墨

中自知在刀中此

礛心一向勤
種刀自見
中是
復

第一章

阅读与出版

千年未有之出版大变局

世界正面临着百年未有之大变局，而出版业正面临着千年未有之大变局。

写下这一句话的时候，我甚至不敢判断出版业在本书完成创作时的命运，是太阳每天升落、四季如期循环，还是一如现在的趋势——长期、缓慢地暗淡下去。

说世界面临百年未有之大变局，理论家和政治家已经不断重复，成了"共识"，无需我再去"深入"理解。但出版业面临千年未有之大变局，尽管大家有所察觉，却语焉未详。

出版的极简史

在论述出版业面临千年未有之大变局前，必须先回溯一下出版小史，将今日急剧变化的出版业放在人类文明史或人类出版史的长河中去认识，这样才能看得更加清清楚楚、明明白白。

在没有文字甚至没有语言的时代，人类究竟是痛苦还是幸福，因为没有记载，谁也无从判断。根据马斯洛人类需求五层次的理论，最底层需求的满足是"生存"，然后是"安全"。如果不追求上一层次的需求，本层次需求得到满足的人是幸福的。在没有文字的古代，人类交通落后，只在自己能动的范围内交往，因而认识和交往的范围十分有限。这种情况在 20 世纪 70 年代前的中国一些乡村也是如此，一辈子未离开所居村庄的人广泛存在。只要有食色方面的满足和宗族熟人之间的交往，这样的生活未必不幸福。当然，你可以说古代人除了食色方面的满足，还有生老病死的痛苦，然而，你不能将这样的痛苦强加在古人身上。对身体未知疾病的不适、痛苦和恐惧（生存），对外来侵略、占领的担心和挣扎（安全），对追而不得的烦恼（归属），这些问题在今天也普遍存在，不能视为古代人独有的痛苦。

能满足就能幸福，没有交往就没有需求。这是我们推论的大前提。这与我叙述的今日"千年未有之出版大变局"有关。

人类未发明并掌握文字之前，只有语言或行为的交流。我们不知道语言是何时产生的，但知道那产生于文字之前。动物有它们独特的交往方式，有动作与呢喃不清的"语言"。在有限范围内的交往不需要文字与符号，甚至不需要语言。动物园同一个池子里的猴子，其交往不需要语言，只要眼神和肢体就够了；甚至长期生活在一起的夫妻，语言有时候也可能是多余的。语言在人群交往频繁时才应运而生，特别是出现了陌生人，彼此不熟悉对方的身体行动习惯，便需要语言。一般而言，当更多陌生人出现并需要交往的时候，身体和语言都表现出明显的不足并进而影响交往，于是产生了符号和文字。

"海德格尔笔下的动物和鲁滨逊一样都是落难者,像困守荒岛一样永远逃不出自身处境的限制。失去交流手段的它们必然在世界中处于缺乏状态,因为是语言带来了世界的可能性,没有语言,也就失去了世界。"①反之,就像鲁滨逊一样,在孤岛上无需交往,也就没有了世界,也就不需要语言。

符号是简单的文字,是文字的起源。当更多的交往需要更多的表达时,符号便发展成文字,文字便发展成更多、更复杂的文字,于是文字开始了进步,直到完全可以用于周密而丰富的表达。进入 20 世纪,当本国的文字不足以表达时,便出现了要借别人文字的情况,如卡拉 OK、CD、DVD 等。20 世纪 90 年代,当 CD、DVD 蜂拥进入中国时,我们要求在文件中规范使用中文,用"激光唱片"(compact disk)、"高密度影像光盘"(digital video disc)来代替英文。然而,这些文字出现在文件中时,常因表达不清或看懂者稀少,不得不在中文后括注英文原名。不仅如此,在打击盗版的执法现场,如果执法人员要求经营业主"尽快把高密度影像光盘、激光唱盘、激光唱视盘如数交出并分别清点",你可以想象出业主疑惑又呆滞的双眼。

文字和交往并不足以产生出版业,就像近代以前绵延不绝的各类戏剧并未能产生现代电影业一样。文字最初在固定载体

---

① 马尔科姆·布尔:《雅克·德里达的〈野兽与主权者〉》,杜可柯译,*ARTFO-RUM*,2012 年 1 月。

上记载才算是出版的萌芽。当泥板、甲骨、竹简、羊皮、绢帛固定用于记载文字和符号时,一种或多种介质便产生了,成为记录媒体。此时,戏剧、歌曲和舞蹈还没有办法记录,只能在原始舞台上说、跳、唱。

中国汉代发明了纸张,这是出版史上革命性的变化。纸张由草木化浆制成,原料源源不断且廉价供应,加上轻薄易折,极大地推动了出版最初形态的繁荣,于是出现了无数的写本。

有写本就有抄本。抄本是一种复制品,是依赖纸将作品原样复制成一份或多份的行为("复制"的定义见《中华人民共和国著作权法实施条例》,下称《实施条例》)。今天,我们仍然能在官方文件的最后页的最底端看到"抄报"和"抄送",大抵是沿用了两千年来的说法,不过其形态已远非"抄"了,也无人在"抄",按说应该改为"印报"和"印送"。

"抄"了几百年,复制手段没有变化。机警的人们发现单个字抄写实在不利于传播,想起可以把构成文章的一个个文字刻在一起或捆绑排在一起,用大小统一的规格将文字符号固定,整版整版地印刷,这样,雕版或活字印刷诞生了,如同人们用印章代替签字。今天,当法定代表人要签署几十份文件,他一定会想到用印章。雕版印刷的形成机制,与印章代替签字是一样的原理。至于今天中国人又从"印章"回归签字,是因为印章可以仿造,印章还可以有多个,而签字无法仿造(凡仿造都可鉴别),就像人脸识别一样:世界上没有一张别人的脸与自己是相同的,也没有任何一份签字与自己的完全一样。

雕版印刷的发明，使一份作品可以复制需要的复本，而复本可以销售，从而回收雕版和写作的成本，于是真正的出版开始了，图书诞生了。

雕版生产带动了印刷业的发展，而大量图书的印刷带动了阅读，加速了文明的进程。图书给人们带来知识，带来审美。人们从书中发现自己生活经验的有限和他人经验的无限。通过读书，人们不但可以和其他读书人交往，还可以和作者交流，在这种面对面的交流过程中产生了更多的想法，于是消费者和生产者之间的界限被打破了。阅读和"咀嚼"过文字的人们成了新作者，加入到知识生产的过程中，文明朝前大大推进。

雕版印刷的成本巨大。书局刻一本书之后需要使用大量的木材，多本书刻完后堆积如山，需要仓库。此时，人类思维中的"统分""拼接""化整为零"等方法发挥了作用，于是产生了活字排版。便捷、经济的活字印刷术产生于中国宋朝，直到 20 世纪末电子计算机出现前，历经千年，产生了独特的职业——排字工。当然，排字工与刻书工几百年长时间共存，直到屈指可数的刻书工文物般地存在于今天的扬州中国雕版印刷博物馆、广陵古籍刻印社、金陵刻经处等这些供今人参观、追往思古的地方。若干年后，排版工人也会来到这些博物馆。他们消失的时间不长，有些已经转型或已经退休在家抱孙子。

扬州广陵古籍刻印社的雕版刻印

　　如果仅仅叙述至此,你一定会认为我是一个自大的中国人,将璀璨的出版文明史缩略为中国出版文明史。事实上,活字印刷产生于中国,但中国并未随之产生现代印刷业。现代印刷业产生于德国,肇始于德国的古登堡。15世纪古登堡发明印刷机械,产生了作为工业的印刷业,带动了《圣经》等图书的大规模生产。究竟是印刷推动了欧洲的文艺复兴,还是文艺复兴推动了现代印刷业诞生,仍需深入研究。如果说古登堡的印刷机械是工业,那我们的活字印刷业就是手工业;经过印刷工业生产的图书供应一般大众,带动了全民阅读,而作为手工业的活字印刷和雕版印刷生产的少量产品提供给读书人,并未带来全民阅读的新局面。清末印刷机械引进后,才带动了大规模的阅读,特别是使用了铅活字以后。古登堡发明印刷机使得德国印刷机械的水平和能力长时间地保持世界领先,直到今日。至于为什么中国发明活字印刷那么久,却没有诞生现代印刷机械制造业和印刷业,这个问题不仅我难以回答,李约瑟先生也难以回答,也不是本书所要解决的。

　　20世纪90年代开始,拣字工开始失业,活字印刷在存续千年之后告别历史舞台,被激光照排替代,业内用"告别铅与火,迎来光与影"来表述这场印刷业的革命。之所以称为"革命",是因为照相"制版"印刷是化学方法,取代了活字印刷的物理接触方法。铅字、纸型、字模都消失了,取而代之的是一张张菲林胶片和刺鼻的显影液药水味。

尽管印刷发生了"革命",但它还是印刷,纸张、装订、切割、打包一仍其旧,人们还是手捧着那本书。真正的"革命军"在"告别铅与火"十来年后登场了。

这便是古登堡发明印刷机械 500 年后、毕昇发明活字印刷近 1000 年后真正的"出版大变局"。

正在发生的"出版革命"

新世纪以来,特别是近十年以来,出版正在发生业态的根本性"革命"。如果说"纸张"的发明是出版的第一次革命,"雕版印刷"是出版的第二次革命,毕昇发明活字印刷是第三次革命,古登堡印刷机械的发明是第四次革命,那么,眼前急剧变化的"移动互联网"带来的所谓的"数字"出版则是第五次革命。第五次革命后还有没有"出版",到目前为止还真的不好预测。

判断将来还有没有"出版"需要厘清什么是"出版"。我们可以把现在正在"革命"的出版定义为"现代出版",将我们过去从事的出版称为"传统出版"。不过,如果"现代出版"完全没有了"传统出版"的核心要素,能不能称之为"出版",需要认真研究。

出版,按照最简洁和规范的说法,是指将一部作品编辑、加工、印刷,最后通过发行获得收益,覆盖成本,然后将利润再投入,收购作品,进行编、印、发,形成商业闭环,实现可持续性经营。

　　让我们在新的数字时代的环境下分析这些出版的核心要素是否存在。

　　首先是作品。作品是出版的前提。在"现代出版"之前,总体而言是作品稀缺的时期,从事知识生产的人是少数受过教育的"精英"。"精英"们消化吸收前人的智慧成果并传播给大众。可如今,随着教育的普及,特别是经过工业化和城市化驱动下的全球化和现代化,"陌生人"越来越少,需要交流的未知信息与未知知识与以前相比大为减少。我在前面讲过,因为陌生人越来越多,为了便于交流才产生了语言和文字,而当人类变成了可以天天见面的熟人,对媒介的需求当然在减少。"世界是平的"意味着信息和知识的获取和掌握少了结构、少了路径。传统"精英"是难以见面的,"精英"的产品需要媒体、纸张传递给需要了解精英的大众。当"精英"成为你身边的"熟人",阅读的神圣感和神秘感就消失了。另外,令人吃惊的是,随着"扁平化"世界的到来,你发现所谓的"精英"可能不是精英,你身边突然冒出很多"精英",甚至于你感到自己原来也是"精英",于是也不断地发表"作品"自娱自乐,通过发表的行为看看阅读者的反馈,满足地成为"精英""作者"和"出版人"。今天,作品数量和作者数量的无限制增长,导致传统神圣的"作品"和"作者"变得平凡无用而无需求。

　　其次是出版商(出版人,publisher)。出版商必须具备两种能力:一是有资本,具有实现投入产出的能力;二是具备识别作品的能力。当然,有情怀更好。不过,考虑到我们有那么多委派和调动过来做社长的人没有情怀,仅仅将其视为职业生涯中的一步,或曰机器上的一颗"螺丝钉",也有那么多计划经济体制时期按部门而设立的出版单位,长期没有产品也无所谓,我们这里将"情怀"视为必备条件显得有点奢侈。今天,资本充斥人间,无休止地寻求项目,资本投资者分分秒秒就能成为出版商。至于"具备识别作品的能力",如前所述,过去因为作者与读者是没法见面的陌生人,需要出版商起到中介和"媒婆"作用,需要编辑做"嫁衣",可如今,稀有作品的作者随时可以召唤成千上万的读者,也可以分分秒秒召开线上视频会议。无数的俊男靓女随时随地可以聚集在一起,还需要媒婆来介绍吗?

最后是印刷与发行。因为没有纸介质,图书的印刷需求变成零;因为作品是以数字化方式发行的,省去了仓库、车辆和书店,需要的只是众多免费使用的发布平台,而内容的存储远在不知道的数据存取中心的服务器上,发布的时间短到只需要一次按键的工夫。非但书没有必要存在,就连图书馆也会将历史宝藏存量数字化后,放入连图书馆工作人员都不知踪迹的远端服务器上,然后结束自己的使命。

如果说上述三条理由确实的话,还有更加令人"悲观"的现象发生了,那就是视频和短视频的疯狂。作为出版人,经常有朋友向我抱怨读书太难,不如制成短视频。在火车上,在地铁里,在办公室,捧书阅读的人越来越少,看短视频的人越来越多。大部分出版单位转身慢，还在苦苦攻关营销文案和软文引流，一不小心发现多数出版社已在做视频营销。人们已经没有耐心去看长篇文字来深入欣赏，只求借助感官的刺激来接受信息，更有大量出版社将图书内容制成音频发布。

这岂不是在返祖？

我在前面的叙述中，反复探讨原始社会的人们如何交流信息和情感，指出在熟悉人群中不需要使用文字，甚至在极端情况下都不需要语言。今天，随着技术系统的发达，任何不认识的人都可以见面交流，无数未谋面的学生都可以在网络上与老师见面。发达的网络将所有人连在一起，等于回到了原始社会，回到不需要文字、更不需要出版却从未觉得不方便的时代。如果孔子时代有视频，就不再会有记录他语录的文字。

上文阐述出版的"革命性"变化难免会使有些出版人灰心丧气。不过，所有这些"革命"性变化是长期的，绝非短短几年内便能成功。从较长的历史来看，凡来得快的去得也快，来得慢也去得慢。报纸、电视的诞生远迟于图书，它们受冲击的程度远烈于图书。需要传达的信息越快，媒介消灭得越无踪。昨天的报纸就是今天的废品；上月的新闻本月就变成了旧闻；而图书不是片刻可以读完，也不是一天可以生产出来的，其韵味通过反复咀嚼得以提升。

从经济学的逻辑看，一个产品的稀缺性决定了它的价格。三四十年之前我们从未想到要买水喝，即使今天到处是水的情

况下,好水仍是稀缺资源。只要发掘稀缺作品,经济学原理一定
会起作用。因此,下面的论述都是建立在假装出版没有完成"革
命"的前提下所要做的工作,不管是做十年、二十年抑或五十年、
一百年。

凡我同志仍需努力。

出版能弯道超车吗?

几十年来,追赶先发地区是后发地区永不停歇的主题。在
20 世纪后半叶是直线追赶,通过变更文化和体制动力,用梦想、
制度和成本优势奋力赶超。后发区域的成本优势是客观存在
的,直道超车能不能成功,完全取决于梦想的持续力和制度改革
的红利释放度:赶超成功的进入了现代化,追不成功的原地踏
步,追了一半、掉落陷阱里的大有人在。

世纪之交,人们突然发现弯道可以超车。弯道超车的文化
和动力机制与直道超车完全不同,也百年难遇,因为世界遇到了
新生态——几千年来的农耕社会、数百年来的工业社会到了世
纪之交的信息社会,而信息社会似乎不必过分依赖自然(沿海、
大量耕地与大量地下能源)和劳动力的要素禀赋而取决于知识
和技术创新的驱动力。创新驱动力来源于创新文化传统和教
育,这可真不像骡子和马可以拉出去遛遛。谁会承认本民族的

人比别人笨、本地区创新力弱呢？谁都不认为自己是骡子，于是都自以为是地认为自己能够弯道超车。

弯道能不能超车？超赶成功是因为直道超车而恰逢弯道，还是确实利用弯道优势超越成功？在农业薄弱的地区率先实现发展现代农业，在工业落后的地区发展先进制造业，实现了吗？可能吗？

出版业能不能实现弯道超车？出版连接的是两头——作者和读者，一头是原料，一头是市场，能否超车取决于能否超越这两头。

作者的创作能力没法实现弯道超车。十年磨一剑，需要时间、耐力和创见。现代媒体中蜂拥而至的是写手，日敲万字的"作家"是机器。伟大的作品来不得半点投机取巧。

读者的接受能力没法实现弯道超车。你必须从小学一年级的汉语拼音学起，一直上到小学毕业，然后进入中学和大学。不积跬步无以致千里。人非生而知之，而是学而知之。一步登天的结果，只能是飞流直下。

我们今天看到的出版繁荣是技术的繁荣，是读"字"的繁荣，不是读书的繁荣。出版技术和载体可以弯道超越，作者的创作力和读者的阅读力只能直道急追。抛弃两端，弯道超车的结果必然是翻车。

现代化与阅读的背离

现代化是近代以来全世界的梦想,几乎没有一个国家不希望尽快实现现代化:发达的想更发达,落后的在持续追赶。21 世纪中叶,中国将基本实现自己的现代化,圆一个半世纪以来华夏儿女的巨大梦想。撑起现代化大厦的,表面看来是一叠叠形似砖块的货币——没有发达的资本、繁荣的经济,绝无可能建成一个现代化国家,但实际上,打开层层货币的外包装后,现代化的核心却是一本本形似砖块的图书。是图书而不是钱钞,构成了现代化大厦的基石和坚砖。

迄今为止,我们没有发现一个国家或地区是在一个低阅读率的前提下实现现代化的。今天的世界强国往往同时也是图书出版的强国,更是国民阅读的强国,其国民阅读率远高于甚至数倍于那些正在苦苦追寻却未找到现代化之路的国家。相关数据不胜枚举。用案例和实证的简单方法,很容易得出这样的结论:一个国家或地区的现代化实现程度,与其国民阅读率呈正相关关系。

阅读使人掌握更多的知识和技能,看透事物的本质,瞭望他处、俯视众生、眺瞰远方。当通过大量阅读掌握知识的人不断集聚,形成知识群众和理性国民时,量变就促成了质变,带动了整

中国书法家协会主席孙晓云多次参加江苏书展

个国家阅读率的提高,从而形成拥有知识和智慧的新国民。这样,一个国家的创造力便可形成,其整体动能如同海潮,推动着这个国家向着现代化的方向不断迈进、跨越并最终实现。

四十余年来,中国向现代化的方向不断迈进,"我们比历史上任何时期都更接近中华民族伟大复兴的目标"。但是,我们有没有做过调查和分析:四十余年来,我国国民阅读率是否同步提高?当然,改革开放之初,还没有任何机构和有影响力的人物对中国国民阅读率进行抽样和分析。因此,这张四十年的趋势图实在没有办法描绘出来。不过有一点可以肯定,即使有增长,国民阅读率的增长并没有随我国现代化的进程同步增长。今天,我们似乎并没有看到读书的人更多,并没有看到教师和学生阅读水平的提高。相反,我们看到的是火车上读书的人少了,学校的阅读氛围淡了,学生的作业多了,大学生的知识面窄了,书店一个接一个地倒闭了——这几乎是大家共同的看法。

怪罪于互联网或移动互联网时代?当然不对。数字时代的出现,并不会影响阅读率。电子媒体改变的仅仅是精神、思想和智慧的载体,并没有影响内容本身。如果一个爱好读书的民族或国家,因为数字时代的到来而突然表现为阅读率的下降,那便可怪罪于数字媒体。而事实上,已经实现现代化的国家或地区,其阅读率并未同步下降,反而不断提高,比如加拿大,比如日本。可见,不能将我国阅读率的不高怪罪于新媒体。读不读是一回事,用什么方式读和读什么是另一回事。只要读书,而不是像上文所说"读字",阅读率就会提高,而不管你读纸书还是电子书。

答案渐渐清晰。现在我们的问题是,在现代化渐行渐近之时,国民阅读率并没有同步增长,有没有下降还不清楚。如前所述,既然阅读率与现代化呈正相关关系,现有的背离就使我们十分担心。证券市场上的指标背离最终会修复并达到一致。国民阅读率之低与现代化程度不断提高的背离,其指标最终会如何修复?是阅读率日益提高来适应现代化水平的提高,还是现代化水平下降或倒退来适应较低的阅读率?

全民阅读:从"倡导"到"深入推进"

近年来,作为中国特色社会主义文化建设重要载体之一的全民阅读,受到社会各界的重视,并被列为国家文化重大工程而写入多年的政府工作报告。各地纷纷出台各种措施,包括为全民阅读立法,竞相推进这一事关我国软实力提高,事关现代化的伟大事业。

这是我国历史上从未有过的宏业。几千年以来,封建制度下的国家并没有施行全民普及性的教育及阅读文化建设;近代以来,国家积贫积弱,内忧外患,民不聊生,现代国家方能提供的义务教育、全民阅读等公共文化产品和服务在旧中国完全难以想象。只是到了新中国成立,特别是改革开放四十余年来,中国经历了历史上少有的波澜壮阔的发展历程,正向现代化方向不断迈进，全民阅读才被提上国家议程。

全民阅读的意义自不待言。不过，全民阅读这一工程，正像在一穷二白的基础上建设现代化国家，其本身面临着重重难题。不厘清一个个难题，不为这一个个难题找到症结所在并逐步找到解决方法，这一功在千秋的工程就很难顺利向前推进。

首先，要有耐心。国家要推动国民整体从不读到读、从少数人读到多数人读，再到全民阅读，从读较少的书到大量阅读进而形成遍布中华的阅读氛围，要想短期见效，很容易虎头蛇尾，因为短期见不到效果后便很容易放弃。

其次，要有好书。全民阅读这一语词，本身蕴含着一个巨大的、尚未完结的空间。那就是，全民读什么？找不到全民读什么，全民阅读便是一个不完整的句式。全民读是状态，读什么是根本。在迈向现代化的进程中，我们所希望建立的国家形态，所希望培育的社会风尚，所希望造就的公民素质，决定了公民应该读什么样的书籍、出版单位应该出版什么样的品种、国家应该提供什么样的公共产品。国家应该提供一个国民阅读指南，建立国民阅读基础书架，为培养一个个现代中国国民提供必要的通识读本。如此，中国大多数人便能成为具有中国体魄、中国思想、中国精神同时胸怀世界、开放明智的现代公民。

最后，要国家和全社会推进。"全民阅读"从民众呼吁到代表参与到报告写入，"全民阅读"的重要性已无可置疑，须大力推进。从2014年"倡导"以来，中央政府和各地政府发布并落实了一系列政策,无论是实体书店扶持政策,还是出版优惠政策的延续,都取得了明显而实在的效果;从江苏省第一个关于"全民阅读"的地方性立法,到全社会各类读书会的雨后春笋般增长,地方国家机构和民间组织都投入了巨大的热情,各种书展、好书榜此起彼伏,令人目不暇接……这些都是多年来"深入推进"的结果。

全民阅读无止境,推动无止境,而从"倡导"到"推动"再到"深入推进",是一个从"认识"到"实践"的复杂过程,需要从"政策"到"行动"的双落实,需要从"政府"到"社会"的全参与。

2022 排名 (2021 数据)	出版企业 (集团或部门)	所在国家 (出版社)	母公司或所有者	所在国家 (母公司)	2021 收入 (百万欧元)	2021 收入 (百万美元)	2020 收入 (百万欧元)	2019 收入 (百万欧元)
1	里德爱思唯尔出版集团	英/荷/美	里德爱思唯尔集团	英/荷/美	5,053€	$5,717	3,763€	5,025€
2	汤森路透	美国	木桥集团	加拿大	4,849€	$5,487	4,178€	4,705€
3	贝塔斯曼(*)	德国	贝塔斯曼 AG	德国	4,313€	$4,879	4,103€	3,969€
4	培生	英国	培生 PLC	美国	4,089€	$4,626	3,763€	4,533€
5	沃尔特斯克卢维尔(**)	荷兰	沃尔特斯克卢维尔	荷兰	3,632€	$4,109	3,529€	3,544€
6	阿歇特	法国	拉加代尔	法国	2,598€	$2,939	2,375€	2,384€
7	哈珀柯林斯	美国	新闻集团	美国	1,754€	$1,985	1,356€	1,564€
8	威立	美国	威立	美国	1,716€	$1,942	1,491€	1,605€
9	施普林格自然	德国	施普林格自然	德国	1,700€	$1,923	1,630€	1,718€
10	凤凰出版传媒股份有限公司	中国	凤凰出版传媒集团股份有限公司	中国	1,608€	$1,819	1,357€	1,458€
11	集英社	日本	一桥集团	日本	1,542€	$1,745	1,205€	1,080€
12	学乐集团	美国	学乐	美国	1,452€	$1,643	1,210€	1,175€
13	霍尔茨布林克	德国	霍尔茨布林克出版集团	德国	1,401€	$1,585	1,263€	1,246€
14	麦格劳希尔教育(包括:麦克劳希尔全球教育和学校集团)	美国	阿波罗全球管理 LLC	美国	1,361€	$1,540	1,290€	1,401€
15	讲谈社	日本	讲谈社	日本	1,310€	$1,482	1,140€	1,100€
16	圣智学习出版公司	美国	阿帕克斯&欧莫斯投资	美国/加拿大	1,212€	$1,372	1,080€	1,286€
17	中南出版传媒股份有限公司	中国	中南出版传媒集团股份有限公司	中国	1,149€	$1,300	943€	951€
18	英富曼	英国	英富曼	英国	1,065€	$1,205	954€	1,065€
19	角川书店	日本	角川株式会社	日本	102€	$1,154	1,021€	950€
20	柯莱特	德国	柯莱特集团	德国	985€	$1,115	902€	875€
21	教元集团	韩国	教元集团	韩国	964€	$1,091	1,022€	1,049€
22	牛津大学出版社	英国	牛津大学	英国	932€	$1,054	837€	990€
23	西蒙时斯特	美国	哥伦比亚广播公司	美国	878€	$993	733€	726€
24	维维哥	法国	维旺迪	法国	856€	$968	725€	733€
25	小学馆	日本	一桥集团	日本	811€	$918	743€	792€
26	普拉内塔集团 Grupo Planeta	西班牙	普拉内塔集团 Grupo Planeta	西班牙	780€	$882	716€	857€
27	中国出版传媒股份有限公司	中国	中国出版集团公司	中国	720€	$815	610€	632€

全球出版 50 强排名(根据 2021 年收入)

第二章

社会效益与经济效益

始终放在首位的社会效益

国家对出版工作的要求，自始至终突出一条"效益价值观"，那就是将社会效益放在首位，实现社会效益和经济效益相统一。这一价值导向是引导出版工作者从业的核心指南，是保证出版工作牢牢沿着主旋律方向前进、落实为人民出好书理念的重要保障，是广大出版工作者牢记初心和使命的具体表现。脱离了这个价值观，我们就有可能走入迷途。

始终将社会效益放在首位，必须深入研究什么是社会效益。遗憾的是，多年来，无论是业界还是学界，对社会效益本身的探讨都比较少，存在着对社会效益认识不清、将经济效益和社会效益混淆等多种情况。也难怪，社会效益一词形成时间也不长，在改革开放后的多年，有关部门一直使用的是"注重社会效果"，并无"两个效益"并称的说法。如1985年全国出版局长会议较早指出一批出版单位"不注重社会效果，片面追求经济效益"①。直到2018年底，中宣部印发《图书出版单位社会效益评价考核试行办法》（以下简称《办法》），才规定了图书出版单位社会效益考

---

① 《中国出版年鉴》杂志社编纂：《新中国出版编年史》（下册），郝文勉编：《中国出版年鉴（增刊）》，中国出版年鉴社2010年版，第501页。

核的可量化的多种指标,使得"将社会效益放在首位"能够得到切实可行的操作方案。

办法颁布后已实行数年,各级出版管理部门对图书出版单位进行了量化考核,取得良好的成果。但《办法》是试行的,为更好地对社会效益进行考核,也有必要不断完善《办法》,同时加强对社会效益的内容、范畴、界限等方面的梳理和研究,以便不断吸取新的内容,完善考核方法,更好地落实这一出版价值观。

社会效益与社会责任

追求社会效益的前提是具备社会责任。社会效益是外在的,是可以评价与评判的,社会责任是内在的,是深化为行为主体内心的根本动机。社会效益的追求基于行为主体的内心认同,很难想象一个没有社会责任的公司或个人会追求良好的社会效益。

社会责任是良好社会的公民必须具备的品质,但社会效益并非人人都有能力去实现。一个对西藏风光赞不绝口的人,也有可能是高原反应十分剧烈的人,他没有办法亲自前往,只能拿着手机对布达拉宫和羊卓雍错进行云欣赏,只能在 KTV 里撑开嗓子吼唱《天路》或《青藏高原》。在经济界,特别是公众公司或上市企业,社会责任既是对企业提出的要求,也是对企业家自身的要求,否则就会遭到社会的鄙视。社会效益的实现需要一定的条件,社会效益作为正面效应外溢(也可以说是经济学上所称的"正外部性"),需要经济人调动要素禀赋去追求、去实现,其外在形式是产品。

出版人实现的社会效益是使产品使用者(读者)在使用产品(图书)后能产生精神满足,从而掌握知识、获得审美,促进两个文明的建设和提升。这一切,必须基于出版人的社会责任。但是,如果充满社会责任,但在调动生产要素时未能遵循市场规律,或因能力欠缺而无法进行很好的产品设计和生产,社会效益未必能实现。

社会责任是内化的,社会效益是外化的。

社会效益与经济效益的关系

社会效益与经济效益的关系很难处理好。社会效益有别于经济效益,但又依赖于经济效益,两者不可分离,辩证统一,不可偏废。正因为如此,国家关于出版价值实现的表述是两句话:将社会效益放在首位、实现社会效益与经济效益的统一。单纯追求所谓的社会效益,忽视经济效益,最终将图书做成简单的政治正确的说教产品,变成面目不清、不亲,读者拒绝的出版物,买者很少,导致投入不能回收,生产难以为继而不能生产更多的优质精神产品,这不是真正的社会效益。这种情况虽不是出版人的本来目的,但确实不同程度地存在着。

在实践过程中，政治导向错误、内容害人不浅这类纯粹追求市场效益、博得读者眼球的图书毕竟少见，也很少有国家正规的出版单位这么去干。在处理社会效益与经济效益的关系时，必须注意的一种常见情况是没有社会效益的经济效益，或者是只顾经济效益的出版行为。影响出版价值追求的元凶是只顾经济效益，全然不顾社会效益，将出版物当作一般商品，不顾出版物有正风化人、催人奋进的重要作用。

现实中，没有社会效益或只顾经济效益的错误出版价值观往往表现在以下几个方面。

选题平庸。学术无创新而只是简单重复，浪费国家资源，损害生态环境，用制造噱头的营销方法大卖特卖，读者买到后觉得上当。上当的原因在于图书内容低劣浅薄，没有达到出版要求，不能给人以知识、信息、审美，让读者花了冤枉钱。这些让读者购买后连呼上当的图书就是没有社会效益的书。那些给读者错误知识和信息、产生不良反应的图书不但没有社会效益，还产生了负社会效益。

大量出版公版图书，无需支付稿酬，用低成本的方法实现赢利，虽然获得了经济效益，但无法形成新的思想、艺术、科学成果，知识生产值为零。在生产这些图书的出版人眼里，公版书是纯粹实现经济效益的手段。不过，与上述无用图书相比，这些图书没有负社会效益。一个出版单位长期出版公版书便没有任何社会效益可言，即使这些公版书对读者有益，也不是这些出版单位创造的,而是早期作者和出版商创造的。

网店无底线的折扣,用有益于读者的说辞来损害整个出版生态,使得出版的可持续性生产受到冲击。本来,流通行业也有社会效益,因为读者通过你的渠道发现了能满足需求的图书,但如果仅以获得最大差价为目的,或以实现网络引流为目的,那就很难说是实现了出版的社会效益。

除此之外,诸如克扣作者收益、洗稿做稿、随意拼凑耸人听闻和海淫海盗内容的出版行为,都产生了不良的社会影响。

不过,行业从业者必须清醒,没有经济效益也很难取得社会效益,除非是公益性质的出版机构。作为企业的出版单位,特别作为上市企业,没有在社会效益基础上实现很好的经济效益,则不但不能实现很好的利润,也无法满足对投资者的回报。良好的经济效益意味着优秀的管理者与团队组织了优秀的作品,并通过市场销售得到读者的认可。因为超过了成本、覆盖了费用,从而取得较好的利润,然后可以投入更多的资本去选择更好的作品,形成良好的商业闭环。当更多利润产生的时候就会带动更多行业资本的进入,加速了社会总生产的周转,为自己的领域带来繁荣,并成为带动整个社会经济繁荣的一部分。如果经济效益较差,投入不能覆盖成本从而产生亏损,员工信心受损,投资者要么撤回投资,要么不再追加投资。持续的亏损销蚀了投资资金导致企业关门、员工离职或失业,对社会总就业带来冲击,便极大地损害了社会效益。

社会效益可以考核吗?

始终将社会效益放在首位,实现两个效益相统一,是国家多年来对宣传思想文化战线的基本要求,但正如前面所言,对于什么是社会效益、怎样才是将社会效益放在首位,国家长期没有明确的考核办法。任何一项要求的提出,特别是作为效益的考核,如果没有具体标准可定义、可测量、可比较,不但难以落实,也难以鉴定。2018年底,国家制定了出版单位社会效益的考核办法。这个考核不但涵盖出版单位,也将发行等出版相关环节的单位一并纳入并制定了不同于出版单位的标准。现以出版单位的考核标准来具体分析哪些可行、哪些还需要具体完善。

这个考核办法在四个方面有重大突破。一是考核主体的明确,二是考核分值的量化,三是考核结果的运用,四是考核指标的细化。

考核主体分三块,一是出版单位自评,二是主管部门、主办单位对自评单位的评价,三是出版行政管理部门的复核、备案和抽查。因为指标细目的量化,出版单位自评拉高的可能性不大,但存在忽略或无视扣分信息的动机,这是趋利避害的本性使然,这就要求主管主办部门认真细致地核评。在这种情况下,行政管理部门最后的复核和抽查就显得尤其重要。

考核分值的量化是考核的核心。所谓"首位",显然要求"社会效益"的权重要高于经济效益,因此考核办法一举突破前人觉得"首位"无法量化的困境,着实令人叫绝。方案明确地列出百分比,要求"社会效益"的考核分数占50%以上。至于量化标准是50%而不是60%、70%才是"首位",或者,比如社会效益权重40%、经济效益权重30%、两者加起来达到70%就是及格而另外的30%作为附加,等等,是不是可以进一步研讨?

分值的设定虽然是一个突破性的举措,两年来各地也是照此考核,并未出现离奇的考核结果,但从逻辑上讲,有两个问题值得思考。

一是如果最初一家出版单位业绩平平,社会效益和经济效益都不太理想,但社会效益分值超过经济效益分值,比如社会效益分是80分、经济效益分是60分,体现了"将社会效益放在首位"的要求,但如果该单位长期努力,在社会效益不断提高的同时,比如提高到85分,同时经济效益提高的速度超过社会效益,比如提高到90分,这样,在两个效益都提高的情况下,反而未能体现"将社会效益始终放在首位"。这种情况理论上是可能发生的。出版社领导会不会放弃部分经济效益以便得到将社会效益放在首位的考核结果呢?

另一种情况是一家出版单位的社会效益考核分是90分、经济效益是40分,而另一家出版单位的社会效益是80分、经济效益是75分,要判断这两家单位哪一家效益更好,似乎是个难题。

考核结果的运用在考核办法中说得非常明白,比如连续两年社会效益不合格,出版单位主要负责人将会被更换,尽管两年来似乎还没有出现这样的坏典型;连续三年社会效益考核不及格会被处罚甚至会注销出版许可证;考核结果与法定代表人薪酬挂钩等。对于大部分出版单位的主管主办单位的负责人而言,他们将被迫关注下属单位社会效益的努力和社会效益的结果,不能再整天仅仅盯住下属单位的三张表(资产负债表、利润表和现金流表),并因此改变他每天只翻看股票走势图,遇红则喜、逢绿则骂、横盘则睡的工作状态。这将大大提升社会效益被重视的程度,督促"放在首位"的被落实。

涉及考核的另一个方面是指标体系。指标体系是个指挥棒,出版单位领导薪酬与此挂钩,当然得听这个指挥棒指挥;如果你不理睬这个指挥棒,一意孤行地只管挣钱,把指标分数搞低或不断扣分,自己的收入也会下降,单位的工资总额也因为与此挂钩而下降。有鉴于此,单位负责人将这些指标研究得透透的,在每年春节前的考核中寻找依据,为自己和员工加分,几十年来只关心市场回款和利润获取的状况大大改进。不过,指标分值的具体设定是个长期动态优化的过程,应随着出版形势的变化而分析调整。比如"国际影响力"的分值安排,目前没有细化考核输出的品种、取得的影响,显然不严谨。另一方面,有些国外作品被及时引进,满足读者需求,取得很好的反响,极有可能因为引进而获得国际影响力,比如马克思主义经典著作的最新引进,《时间简史》《人类简史》等全球轰动图书的引进等,却不是加分项,这对一些长期专事国外优秀著作引进的出版单位是个很有压力的规定。

短期社会效益与长期社会效益

很少人注意到短期社会效益和长期社会效益的对立统一。社会效益的实现和判断有时候是短期的,更多情况则是中期或长期的。很难说一本书在当年产生了很好的社会效益,如果你非要有这样的想法,那一定是经济效益的考核方法严重占据了你的思维空间。理论上,目前能在年度内考核的只有经济效益——到 12 月 31 日轧账。即使是能在年度考核的经济效益,很多地方和单位也发现了其弊端,认为这是"不科学的政绩观"在企业经营方面的反映。这几年来,江苏对省属国有企业特别是国有文化企业,如对凤凰出版传媒集团,都将经济效益的年度考核与三年考核进行综合,不再简单地以年度单一经济指标考核,而是结合年度、任期、中长期进行全面判断。经济效益考核如此,何况社会效益呢?

在指标体系中,获得国家支持的项目往往都占相当的分值,如国家出版基金资助项目、国家古籍整理出版资助项目、中宣部年度主题出版重点出版物选题等。获得国家大奖的项目也有相当的分值,如中国出版政府奖、中宣部"五个一工程奖"等等。但行业内都知道,这些项目的开发周期很长,3—10 年的项目比比皆是,有的甚至要在 10 年以上。在这个周期中,出版单位领导有可能换了几任。那些获得大奖、挣得社会效益分数并兑现年薪的"负责人"可能是在前人栽的树荫下乘凉的人。指标分值的结果有时会忽略那些真正为社会效益而努力的人。

第三章

主题出版：困难与突破

主题出版的内涵与外延

近十年来，在国家有关部门的持续鼓励、推动和支持下，各出版单位出版了一大批回应历史、讴歌时代、解析主题的图书。这些图书在党和国家重大方针政策和战略规划出台之后推出，为读者提供了学习指南、政策解答和行为遵循；在党、军队和国家若干重大纪念日或庆典日时推出，烘托了气氛、回顾了历史、激励了后人。

主题读物满足了人民群众的需求，丰富了图书市场，形成我国出版工作一个鲜明的时代特征。但是，在主题出版越来越成为一个特别的出版门类后，对选题策划者和图书出版人也提出了更高的要求。鉴于主题图书的边界具有一定的开放性，笔者估计全国各出版单位每年开发的主题图书共有 1000 种左右，但涌现出来被广大读者交口赞誉、被图书市场追踪热捧的主题读物并不特别多，即使是入选中宣部年度主题出版重点出版物选题目录的，也并非本本成功、本本畅销，因为入选的毕竟是远未完成图书形态的选题，而即使是一个很好的选题，想要变成受市场欢迎的热销品，还有很多艰苦细致的工作要做。

主题出版物应当必须通俗好读，甚至可能更绝对一点说，不通俗、不好读的主题出版物就不是一本很好的主题读物。之所以这么说,是主题出版物设立的宗旨决定的。今天,出版工作者面临的最大主题就是研究、宣传、普及中国式现代化道路,推动新时代中国特色社会主义道路自信、理论自信、制度自信和文化自信深入人心,向人民群众宣传、解释处在新发展阶段的中国如何运用新发展理念来构建新发展格局,并用社会主义核心价值观来凝心聚力。中国道路、理论、制度和文化是复杂统一的有机整体。这些主题需要被群众认识、掌握和武装,用以推动我国经济和社会事业发展,而不应仅仅停留在理论和学术界的研究与探讨中。国家鼓励哲学社会科学和自然科学的理论创新和理论研究,也重视为国家发展战略提供决策参考和新型大国智库的作用,但艰深复杂的理论探索和学术研究的成果,以及面向决策层的智库成果,与主题出版有很大区别。主题出版物,一定是适合阅读、适合推广、适合普及的,这是国家推出主题出版的目的,也是与出版基金资助项目、政府奖项等其他项目不完全相同的地方,否则就不是主题出版,而是主题理论或主题智库。

做好一本主题图书并不容易。策划主题读物的前提条件是十分清晰地明晓主题、界定主题、吃透主题。一个时代有一个时代的主题,新时代有新时代自己的主题,但并不意味着新时代只有一个或数个宏大的主题。相反,在一个相对时间内具有一批契合大时代特征的"时段选题",比如近几年涉及的如下选题:2016 年"纪念红军长征胜利 80 周年",2017 年"纪念香港回归祖国 20 年"和"迎接党的十九大胜利召开",2018 年"深入学习宣传贯彻党的十九大精神"、"纪念十一届三中全会召开和庆祝改革开放 40 周年",2019 年"庆祝中华人民共和国成立 70 周年",2020 年"弘扬伟大抗疫精神"、学习宣传党的十九届四中全会关于"推进国家治理体系和治理能力现代化的重大战略部署",2021 年"庆祝建党 100 周年""学习贯彻中共十九届六中全会精神",2022 年"迎接党的二十大胜利召开",等等。出版人必须紧跟并吃透一段时间内的一个或若干重大主题。

明晓主题还不够,还必须慎选主题的内容细节和表现形式。主题读物通俗好读的核心在于选题的新意、切入点的新奇和表现方式的新颖。同样是纪念红军长征胜利的选题,刘统的《北上》选题新颖,吸引读者,与原总参专家编写的《读懂长征》不同;同样是弘扬运河文化的选题,徐则臣的《北上》文学感染性极强,与全国政协编写、凤凰出版传媒集团出版的《大运河画传》也不同;同样是讴歌改革开放伟大成就的选题,《试点:改革的中国经验》与卷帙浩大的国家出版工程《中国改革开放全景录》又不一样。选择别人未涉及的领域和细节,用别人未曾关注过的问题为切入点,可以吸引读者的注意力,也可写出新意。这需要选题开发者独具匠心,目光敏锐。

开发通俗好读的主题读物,一个重要经验在于遴选作者。能将主题读物写得好的作者不是仅仅在理论界或学术圈有声望的人。特别要避免约请长期只沉溺于自己的学术圈内、其学术体系和话语体系艰深晦涩的"名家"撰写主题读物。正确的方法是选择那些高度关注现实主题、水平高、理论修养好、经常为报纸杂志撰写文章，或有可能经常给学生上课或演讲的学人。这些作者往往文笔生动灵秀，深入浅出，作品令读者爱不释手，如经常撰写通俗理论文章的思想大家孙正聿先生、军史作家刘统先生以及作为文化大家的报告文学名家何建明、李春雷、章剑华先生，都是主题读物的优秀作者。他们撰写的各类作品多次入选中宣部年度主题出版重点出版物选题，出版后也多能畅销不衰。

它们为什么不敢做、做不好主题出版？

综上所述，近十年来主题出版工作取得了良好成绩，不过，从总体上看，主题出版的成效十分不均衡，主要表现在：一是取得优秀成绩的出版单位多年来相对集中在几家出版集团和一二十家始终保持优势的出版社，大部分出版集团或出版社多年几无建树；二是一部分主题图书内容贫乏，题材单一，可读性不强，出版后市场反响较弱，发行量不大，有些甚至造成亏损，以致众多出版单位将开发优秀主题选题视为畏途，更不敢投入人力、物力、精力去大规模开发。

造成这个现状的原因，在于相当一批出版单位对主题出版的认识常常陷入三个误区。一是将优秀主题图书仅仅理解为优秀理论读物；二是将优秀主题图书的内容简单理解为宏大叙事；三是将主题出版理解成是少数专业出版单位的使命和任务。

不可否认，早先有关部门大力推动主题出版的宗旨之一便是希望求得理论著作出版的突破，尽管未直接命之为"主题读物"。1977年4月4日，胡耀邦在中央宣传部会议上，就加强政治理论读物的编辑出版工作提出明确要求，建议多写、写好并出版"通俗理论读物"，"搞点基本常识性的读物"[①]；1979年3月，邓小平在党的理论工作务虚会上再次强调要写出并出版一批有新内容、新思想、新语言的有分量的论文和书籍，并认为这是一项"平凡实则很艰苦的工作"[②]。改革开放以来特别是21世纪以来，在我国经济和社会事业实现高速发展的背后，是党的理论创新工作不断取得新成就，形成了马克思主义中国化的系列理论成果。但是，与党的理论创新不断突破形成反差的是，理论武装、理论普及、理论宣传并未实现同步发展、同步推进，马克思主义中国化成果的大众化、通俗化的工作亟须加强。在这种情况下，中央有关部门多措并举，着力改变上述现状，包括启动"马工程"教材的大众化和普及化，设立"优秀通俗理论读物奖"，推动主题出版的开展和深化，等等。经过近十年的持续努力，理论读物撰写和出版的薄弱局面取得有效改善。今天，在中宣部等有

[①]《中国出版年鉴》杂志社编纂：《新中国出版编年史》（上册），第340页。
[②]《中国出版年鉴》杂志社编纂：《新中国出版编年史》（下册），第389页。

关部门的大力推动下，围绕学习、研究、普及新时代中国特色社会主义思想的优秀理论主题图书不断出版，各类学习读本、学习纲要等作品不断问世，其编写单位权威，内容通俗好懂，深受广大读者好评，特别是以"面对面"系列为主的各类理论图书层次丰富、内容及时、主题新颖，基本打破了以前理论图书缺乏的局面，有效满足了市场需求。

在一批优秀通俗理论读物大量出版、取得有效突破的同时，主题读物内容的丰富性也在增强。近年来，一批优秀的文学作品、历史著作甚而是少儿读物都从不同的角度反映了新时代的主题，通过历史特别是近现代和当代故事以及人物传记来反映党领导人民在社会主义革命、建设和改革开放伟大历程中取得的重大成就。如入选中宣部 2020 年主题出版重点出版物、由江苏人民出版社出版的《世纪江村：小康之路三部曲》，用报告文学的体裁，描绘中国著名社会学家费孝通先生享誉世界的名作《江村经济》发生地江村（江苏吴江开弦弓村）一百年来的小康梦以及伟大的实践进程，人物、历史真实可见，情节、故事引人入胜。结合该社 2021 年出版的记叙新中国成立前夕中国共产党组织在香港和国统区的爱国民主人士秘密北上解放区、协商成立新中国这段珍贵历史的重点图书《向北方》，我们可以明显看到，这些作品与江苏人民出版社数年前同样入选国家重点出版物的《人的精神家园》《精神之钙》《社会主义核心价值观研究丛书》《中国梦实现的根本法保障》等一批纯优秀理论读物相比，内容发生了很大变化,视野大大拓宽了。

2020年疫情肆虐,中国人民众志成城,白衣战士披甲迎战、奋起抗"疫"的故事感天动地。这一主题理所当然地成为各出版单位的重要选题。包括江苏凤凰科学技术出版社出版的《科学战"疫"——人类与病毒的故事》在内的一大批医卫内容的科技类图书纷纷入选主题出版重点出版物选题目录,也反映了内容的丰富性。

除了内容的丰富性外,题材的多样性也在近年来主题出版的图书中有明显体现。毋庸讳言,反映时代变迁、国家进步、民族团结、人民幸福的题材,相对宏大,入口相对宏阔,这类作品由权威机构和权威作者组织编写,是主题出版的重要组成部分。但与此同时,一些优秀的作品切口小、故事精、主人公平凡,却丝毫不减阅读趣味。这些从平凡人物的日常故事中提炼出来的事迹也可感动千千万万的普通读者。如叙述几十年如一日为国守岛英雄王继才的报告文学《海魂:两个人的哨所与一座小岛》,以及反映普通海军战士的孩子爱海洋、爱英雄、爱祖国的少年儿童小说,获得2020年度"中国好书"的《乘风破浪的男孩》,都是以凡人故事、较窄题材反映时代风貌、践行社会主义核心价值观的优秀主题图书。这些图书的长处在于用一滴水映衬太阳的光辉,而不是直接阐释太阳的光明、高温与力量。

主题出版工作之所以开展得不均衡,还在于很多出版社觉得主题出版是少数出版单位、特别是各地人民出版社或综合出版社的任务，与专业出版社无关。殊不知，用各自的专业去开发有特色的主题读物，其效果有时甚至超过人民出版社这些政治性强的出版社。以上海市为例，获得 2020 年度"中国好书"、由上海人民出版社出版的《火种：寻找中国复兴之路》以及《白纸红字》确实符合该社近年来一贯的风格和特长，也是该社近年来结合自身优势和地方特色主题资源开发的优秀成果。但与此同时，上海文艺出版社的优秀通俗党史著作《革命者》、上海音乐出版社的《在希望的田野上——脱贫攻坚大众金曲 100 首》和上海科技教育出版社的《荒野的呼唤——保护野生动物及其家园》，都入选了中宣部 2020 年主题出版重点出版物目录。这三家出版社充分利用自身优势，要么开发主题文学作品，要么开发主题音乐作品，要么开发主题科普作品，所涉主题独特、范围广阔，特别值得那些一直在观望、尚未成功策划和出版优秀出版物的单位学习。另有译林出版社立足自身文学出版优势出版的《我心归处是敦煌：樊锦诗口述自传》，也是一部非常优秀的主题读物，短短一年多发行近 30 万册，也给其他出版社以巨大启示。

　　一旦走出对主题出版认识的三个误区，相信会有更多的出版单位出版更多内容丰富、题材多样、深受广大读者欢迎的主题出版物，它们不但不会再犹豫，反而因为掌握了精神而更加从容自如。

左图：凸版印刷

右图：手工雕版印刷

第二部分

作为组织的出版社

　　研究出版并要撰写一本出版方面的著作,不能离开对出版社的研究,因为这是出版运行的微观基础。

　　国家出版政策、市场需要总量、生产要素、技术变革等影响出版的宏观和外部条件,会对出版组织的微观生产产生重要甚至决定性的影响。比如随着国家三孩生育政策的推行,理论上(实际上未必、迄今看上去效果还不明显)会有更多的婴儿出生,童书、教材和学生读物会有更大的需求,与此利好的宏观政策相反,每次对学生作业负担的大检查,都会让国内绝大多数以教育出版为主的出版单位惊慌失措。

　　目前,学生读物是最大的图书消费品种。当教育政策急剧变化时,会对从事教育出版的单位带来很大影响。前几年,中部某省的学生教辅读物过多的情况遭到反映后,引起该省教育行政部门重磅减负政策的出台,该省众多依赖教育图书市场的出版单位效益迅速下降,连续几年增长放缓甚至出现负增长,多年后才恢复元气。

　　同样,当所有成人将大部分时间分配在手机上,享受无所不在的 Wi-Fi 和永无止境的信息时,图书出版单位的悲凉心情是那些观看短视频乐不可支的人们无法体会的。那些沉湎于短视频的人还积极参与制作和发送,一边看别人的视频,一边等待别人观看自己视频后发表的评论,忙得不亦乐乎。可以预见,中国人发明的古老而永具魅力的麻将甚至有可能被手机取代,更何况没有形成传统的全民阅读呢?

政策、市场、技术的变化改变了出版的外部形势。但是,只考虑宏观是远远不够的,因为宏观形势即使再差也有中观、微观运营好的出版社,宏观形势再好也有中观、微观运营不佳的出版社。因此,对出版组织的中观、微观研究与考察远比宏观重要。

有别于写作、绘画、表演等个体行为,出版是一个产业部门,是出版单位一系列的集体行动。作为一个组织,出版单位完全符合组织行为学的研究对象。忽视组织行为学的理论来谈论出版社,几近于盲人摸象。

第一章

愿景与目标

愿景,是一个组织在设立之初或之后明晰的方向,类似于远景。愿景不同于目标但与目标紧密相关:目标为愿景而设,因愿景而定;有长远目标,也有短期目标。组织通过一个个具体、可见目标的实现,一步步地实现自己的愿景。愿景是组织成立的目的和宗旨。没有清晰的愿景,目标会胡乱设计,路径会纵横交错,行动中的组织会充满形形色色的机会主义行为。

出版社愿景的最好表述莫过于中华书局的创始人陆费逵的话。在今天的中华书局,进门便能看到陆费逵先生对中华书局"为国家社会进步"这一宏伟愿景的描述:

> 我们希望国家社会进步,不能不希望教育的进步;我们希望教育进步,不能不希望书业进步;我们书业虽然是较小的行业,但是与国家社会的关系却比任何行业为大。

第二次世界大战战败后的德国,满目疮痍。为了迅速温暖德国人的悲凉情绪,德国出版人翁泽尔德立志从事出版工作,用图书中巨大的精神力量点燃德国人枯竭而迷茫的心灵,重建自己那已经支离破碎的国家。翁泽尔德来到苏尔坎普出版社(Suhrkarmp Press),策划并出版了著名的"彩虹系列"丛书,在德国战后引起巨大反响,形成战后德国人新的精神源泉。用多彩的知识图书重建德国、重塑德国人的精神家园,是翁泽尔德作为出版人的愿景。

我們希望國家社會進步，不能不希望教育進步；我們希望教育進步，不能不希望書業進步，我們書業雖然是較小的行業，但是與國家社會的關係卻比任何行業爲大。

陸費逵

中华书局大厅入口处

21世纪初，中国加入世界贸易组织。二十余年的改革开放政策使脱离了世界数百年的中国获得了高速发展。封闭的中国融入世界，发展的世界接纳中国。中国学术界需要再思考、重出发，在这种背景下，新成立的凤凰出版传媒集团策划并出版了"凤凰文库"，大量出版中外当代学术名著，以满足急速发展中的中国寻找适合自己发展的理论和道路的学术需要。"凤凰文库"的宗旨在书的总序中有着十分清晰的表述：凤凰文库成为现代化背景下的学术创新平台和全球化背景下中外文化交流的桥梁。文库的宗旨正是彼时凤凰集团的愿景。此后，凤凰集团矢志不渝，出版了近千部中外当代学术名著，嘉惠学林，滋养众人。

还有一些出版单位有十分明确并长期信奉的宗旨和追求。

有百年历史、在新中国成立后以"人民出版社"名义从事出版工作的人民出版社，以中国共产党党社为自己的鲜明标记。在单位的墙上，在社公号的主页，处处都醒目地标明"为人民出好书"的追求和价值尺度，成为百年来马克思主义经典著作的传播者宣传者。人民出版社不仅仅出版马克思主义经典著作，同时也是20世纪、21世纪马克思主义最有力的传播者。

中信出版集团以"以知识应对时代变迁，从中国观察时代变革"为自己的价值追求，提出"打造卓越企业集团、铸就百年民族品牌"的发展愿景。只要你打开中信出版集团的官网，引人注目的黑底白字"以知识为信仰"使你产生发自内心的敬意，而他们二十年来出版的大批新知识读物，见证并奉献给了变革的伟大时代。《21世纪资本论》《黑天鹅》《灰犀牛》《人类简史》《史蒂夫·乔布斯传》等一本本优秀图书,给中国读者诠释了自然、社会、历史、资本、重大事件和传奇人物,满足了读者的真实需求。

江苏人民出版社"相信思想的力量"体现了他们用思想引领时代的愿景;江苏凤凰文艺出版社"又美又好"传达的是出版社"用文艺图书让生活又美又好"的出版愿景;译林出版社的愿景在"不过坏日子,不读坏东西"的底线宣言里可以发现,透露着他们"不出精品便是做了坏事、坏了读者"的崇高追求。当编辑想做一点坏事,当社长有一点投机取巧的想法时,他们猛一抬头看见自己的社训,便会退缩而去。

哈佛大学出版社在成立之初就鲜明地表明,"首先是为了出版高水平学术著作而创立的,它旨在通过广泛发行全世界最重要学者的作品来推动知识进步,……它并没有计划与商业出版社竞争,因为它的主要功能并不是出版发行有利可图的书籍。"[1]

没有愿景,便没有伟大的出版社;而那些混乱不堪的出版社,无一不是在设立之初就没有想好其愿景,仅将其看成是一个普通就业场所或一个印字部门,或是糊涂的出版社领导鼠目寸光所致。

---

[1] [美]马克斯·豪尔:《哈佛出版史》,李广良、张琛译,杭州:浙江大学出版社2020年4月版,第34页。

价值与追求：五个维度

"君子成人之美，不成人之恶。小人反是"。成人之美是中国传统文化价值观的核心出发点之一，与"己所不欲，勿施于人"互为补充。中国君子如此，中国的出版单位亦应如此。放眼世界，那些生命长青的出版单位莫不以成就他人作为自己的价值与追求。

综合来看，出版的价值追求在于成就以下五种对象。

读者

成全读者，满足读者美好需求，是出版的宗旨所在。伏尔泰曾说过，无论怎样有益的图书，其价值一半是由读者创造的。出版社作为图书产品的生产者，满足作为图书消费者的读者，是生产得以持续的前提。读者用自己辛勤劳动挣来的收入为一本本书而支出，甚至是节衣缩食地买书。在编书时必须始终将自己当作读者，才能成为一名好编辑。"己所不欲，勿施于人"应该成为所有出版人的基本伦理。是否时时为读者所想，是判断一个编辑价值观的根本。

以读者是否满足为价值追求，就会在图书出版后关注社会反应，关注读者评价。以此为标准，从社长到编辑，从宣传到发行，就不会将收到书店回款为终级目标，而是会一直关注到最后一本书在市场上消失，甚而在退休多年后仍然为读者的一句评价而心动——或欣喜，或内疚。

出版为了读者，读者也反过来成就出版社。读者用一双双手购得图书，不但给出版社带来了资金，也投去了信任的一瞥。一个个读者形成庞大的读者群，越聚越多，越多越旺。他们聚集在心爱的出版社举办的每一场新书发布会上，聚集在出版社的虚拟空间；他们中间相识者可能很少，但以书为媒，变成心意相通的朋友。细心的读者可以发现，在网络书店和出版社公号的留言里，对出版单位留下的一句句赞美的话语有时甚至可以超过对作者的赞许。

作者

人所共知的道理是，作者是出版社的衣食父母。没有作品也就没有出版，但是即使是伟大的作者也是由出版单位成就的，至少迄今为止的所有传统出版都是如此。一举成名的作者很少，通过自己一部部作品向世人逐步证明自己的伟大，是很多作者的正常发展之路。在出版第一部作品前，作者可能默默无闻，出版作者的处女作特别能显示一个出版单位卓尔不凡的眼光，也常常成就出版史上的佳话。

著名经济学家、曾任南京大学党委书记的洪银兴教授在谈到作者与出版社的关系时，每每都会充满深情地谈到出版他处女作的江苏人民出版社。多年之后,享誉国内经济学界的他,被多家出版社争相约请撰写著作,而一旦由苏人社约稿,他总是能如约供稿。2015年,在人民出版社和江苏人民出版社不约而同向他约写"马工程"《中国特色社会主义政治经济学》通俗读本时,在得到人民出版社谅解的情况下,洪先生将稿件交给了江苏人民出版社出版。

出版社成就作者,除因在作者无名时慧眼发现其潜力外,还因为作品增加了编辑含量而提升了作品品质。出版家、上海世纪出版集团前总裁陈昕对出版社与作者的关系进行了深入的阐释。他以陈寅恪、钱锺书、金一南的书稿为例,从三个角度解释编辑改稿对作品价值的提升。他认为,一是不存在真正一字不改的书稿;二是学者在跨界过程中容易产生错误,就更需要出版社来把关;三是,根据他的经验,"越是著作等身的,错误可能越多"。[1]

江苏凤凰少年儿童出版社是国内一流的少儿读物出版社,建社几十年来为孩子们出版了大量优秀的少年儿童文学作品,哺育了千万个孩子的成长。国内许多优秀儿童文学作家都与出版社结下了深厚的感情,他们将自己大部分优秀作品的首发权交给了苏少社。中国各类少年儿童文学大奖,世界各类少年儿童文学大奖以及入围奖、插图奖之所以授予苏少社的作者,与苏少社持续不断地将他们的作品输出到海外几十个国家、十几种

---

[1] 陈昕:《理想在潮头:给青年编辑》,上海:上海人民出版社2021年2月版。

2022 年 7 月江苏书展,在大众书局举办黄蓓佳《叫一声老师》(由苏少社出版)阅读分享会

语言的出版密切相关,成就了作者。

为作者实现经济利益是作者价值取向的另一个重要方面,这个道理不难理解。很少人关注到作者的成本付出,常人也难以想象,因为写作的人毕竟是少数。一部书稿,一般不是一年半载所能完成的,往往是作者数年、十年、数十年的心血之作。汇诸笔端的不是墨汁,不是滴滴答答的键盘声,而是多年乃至终身思想精华的流注。陕西名作家冯积岐用 15 年时间完成一部小说后长期住院,身心俱病;有些作者没有其他工作,没有别的收入来源,全靠作品版税生活,纯粹靠写作为生。改革开放四十多年来,越来越多的作者加入专业写作者群体中。除了在写作上的付出外,无数作者因为投入写作而无法承担家庭责任。表面上看,作品是作者一个人的投入,实则耗损了他全家的成本。一个优秀的出版人,从来不会与作者讨价还价,从不会想方设法克扣作者的稿费。

案例 | **书界奇人刘振强①**

中国台湾三民书局总经理

……至于善待作者的故事,对刘(振强)先生来说可就太多了。

———————

① 案例选自李昕:《做书的故事》,北京:人民出版社 2018 年版,第 96 页。

大家都知道，出好书是刘先生的终身理想，也是他所追求的核心价值。为了出好书，他求贤若渴。在台湾，他只要得知哪里有学术专精的作者，往往会亲自登门造访，请求赐稿。在大陆，他专门委托两位版权经理，每年春季和秋季两次南天北地地寻访名家，上门约稿，久而久之，精诚所至，两岸的学术耆宿、文化大家多对三民鼎力支持。刘先生对作者，无论长幼，无论尊卑，都恭敬有礼，百般谦让。他是真把作者当作衣食父母的。

台湾老作家彭歌对刘先生的"一诺千金"印象深刻。他说：

> 有人说笑话，"刘先生和人一见如故，十分钟就讲定一部书稿的合约，当场签赠支票，有的书三五年未必交得了卷。可是他那份豪气，好像中央银行就装在他的口袋里。"

其实在彭歌看来，这豪气只是胆识和勇气的表现，因为那张支票很可能就是刘先生当时的全部财产。不过是为了文化理想，他肯于孤注一掷。

这是赌博吗？公平地说，在五六十年前，一个二十几岁初出茅庐的无恒产无名望的年轻人向名家约稿，如果不是这样"豪气"地办事，人家怎么会相信你的诚意？

我们看到的事实是，这"豪气"帮助刘先生赢得了市场，更赢得了作者，因为他同时意味着出版社对作者的信任、尊重和期待。

　　凭着这"豪气",有多少作者对三民心存敬意、心怀感激？我们在《三民书局60年》一书里百位作者的文章中可以找到答案。

　　著名古文字学家裘锡圭先生撰文,题为《一个违约作者感受的宽容和礼遇》,讲述的是1996年他接受的三民的约稿和定金,至今(2013年),已17年未交稿,自觉惭愧不已。而刘先生不追不逼,对他一如既往,待之以礼。台湾历史学家邢义田讲述的故事更离奇:他1981年春答应过三民写一本《秦汉史》,接受10万元新台币的定金早已花销一空。但此书稿历经30多年仍未完成。而刘先生每逢春节前后要亲自带着礼物登门看望,作者惭愧之余,总提出拿自己的另一部著作顶替,出版和稿费分文不取。然后出乎作者意料的是,刘先生当即表示,这本新著三民另行出版,稿费照付,仍然期待尚未完成的《秦汉史》,这使作者感激莫名。

　　至于更多的作者,忆及与三民的合作,常谈到他们的著作出版后收到的稿费超出预期。一位作者预估稿费20万—30万,竟然收到130万元新台币的支票,当即决定买一辆沃尔沃轿车奖励自己;一位作者说,收到支票一看钱款是个整数,就知道刘先生又给自己的稿费加了花红;有人谈到自己的某著作明明早就向三民卖断了版权,刘先生去拜年,还要送上3万、5万的红包作为版税的补偿。大家都说刘先生总怕作者吃亏,总是主动向作者让利。

　　如此豪气地善待作者,自然是刘先生和作者的交情非同一般。

刘振强先生对待作者的优礼恭敬，与三联书店原总编辑李昕对作者的敬重相互映衬，都是伟大编辑与作者的合作佳话。

当然，出版成就作者并非要求编辑无限满足作者要求。出版人既要明晰自己服务者的角色，又不能忘记自己的主体意识。编辑对作品和作者不能百般迁就。美国著名出版人罗伯特·戈特利布曾任美国前总统克林顿自传的编辑，他对前总统所说的"不是我为你工作，是你为我工作"的惊世之语，既是编辑主体意识的极端体现，更是服务作者、成就作者的逻辑结论。

深入骨髓的"出版成就作者、编辑服务作者"的理念，还要求保护作者、珍爱作者。不是每个作者都是文品人品俱佳、德艺双馨的作家、科学家或艺术家，相反，很多作者有不同程度的个性特点，有些还有怪癖。编辑与作者打交道时间长，尊重作者是职业操守，即使对作者人品的极端不认同、与作者的价值观相距十万八千里，也应该对作者尊重、容忍。我曾有一次与编辑到北京去组稿，在与作者的交往过程中感觉很不愉快，甚至可以说遭到"伤害"，吃了三鼻子灰，虽然未能成功组稿，但能与作者友好告别，事后也从未在其他场合讲起这段伤心往事。

不要企图说服作者改变自己的价值观，不要在作者面前表现得比作者更正确。根据笔者的经验，自以为比作者聪明，甚至还企图说服作者改变其观点的编辑，要么被作者抛弃，要么会丢掉到手的稿件。编辑的价值观很单一，那便是所作所为要符合出版社的价值观，而出版社的价值观是为众多的读者找到各式各样的好作品。有的读者喜欢读中医的书,有些读者喜欢读西医的书;有些读者喜欢中国画,有些读者喜欢西方绘画。切勿以编辑自己的价值观和好恶来判断作品的价值,而应以作者在某个领域的研究能力和社会接受程度来判断作品的价值。即使编辑内心非常不认同某一作者,也要对作者和颜悦色,尊重作者的人格。

面对作者,编辑最不需要的就是所谓"正直",因为你所谓的"正直",在作者看来或许是"弯曲",或许是"偏激"。放眼望去,在出版社成为名编辑的,一般都是包容心极强的开放者,而语言乖张、性格激进的编辑往往鲜有成果。从这点上讲,编辑与律师的岗位差不多,都是用自己的高水平服务成果成就委托者权利的实现。

另外,编辑和出版社不要轻易介入观点不同作者之间的争执,相反,要多做"和"的工作。对编辑而言,"来的都是客",能提供社会认同稿件的作者都是编辑的衣食父母。当然,作者和作品不能触犯国家法律和社会公序良俗的底线。尊重作者是尊重不同观点的作者,不是尊重政治导向有问题、格调低下、拉低社会文明程度的作品。

社会

出版的第三个价值维度在于为社会文明和进步做贡献。这个价值维度是基于出版的社会功能。与一般物质商品不同，作为出版物的图书对人的精神有重大促进和感染作用。人们通过阅读使自己发生或大或小的变化，而每个个体发生变化的结果将会使由个体构成的总体发生变化，这也是经济学上所谓的外部性。所谓外部性（Externality），是指一个人的经济行为不仅仅在自己身上起作用，也在别人身上发生作用或造成影响。起负面作用的是负外部性，如在自家院子里放大粪，让路过的行人天天掩鼻而逃；起正面作用的是正外部性，如在自家的院子里种鲜花，让路过的行人驻足良久，不愿离去。

阅读改变人的境界。读好书使人与人和谐、文明相处，这就是出版的正外部性；阅读荒诞不经的图书使人与人产生仇恨、敌意、争斗，使孩子们成长受到不良影响，这就是出版的负外部性。

伟大的作品不仅对个体产生巨大的影响，更对一个地区、一个国家，对一个时代乃至数个时代产生重大影响。《汤姆叔叔的小屋》出版后对美国废除畜奴制度产生了积极影响；《共产党宣言》的出版已深刻影响世界170余年；《国富论》影响世界200余年；《新教伦理与资本主义精神》《第三次浪潮》《正义论》等图书出版后,在全球范围内不断促进人们对世界的重新认识、理解和判断。

出版除了在世界范围内起巨大作用外,有时还在一个领域持续不断地产生影响,造福学术界,填补空白,打开人们的视野,长时间地被人引用。比如商务印书馆的"汉译世界学术名著丛书",刘东先生主编、分别由江苏人民出版社和译林出版社出版的"海外中国研究丛书""人文与社会译丛",四川人民出版社曾经出版的"走向未来丛书",钟叔河先生推动、岳麓书社出版的"走向世界丛书"等等。上述大型丛书系列,与中国四十余年来实施的改革开放政策相互推动,即改革开放国策推动引进世界一流著作的出版,引进世界一流著作的出版推动我们认识并学习国外先进的自然与人文社科知识并进而推动改革开放的深入。除此之外,钱乘旦先生主持的国家级重大工程《世界现代化历程》、"大国通史"丛书的出版,已经并将在未来相当一段时间内有助于中国学人、读者对世界各地现代化和世界发展史的研究和学习。中信出版集团近十年来出版的新知识系列,为国家决策者和各层次干部引进了诸如《黑天鹅》《灰犀牛》《零边际成本社会》等介绍重要知识、概念和原理的图书,为提高国家、社会和企业等各层次人员的治理水平做出了贡献。

"书籍是人类进步的阶梯"。诚哉,斯言。

作者(左四)与钱乘旦教授(左三)在凤凰作者年会上。其他人左起：王保顶、王月清、李瑞华、樊明

2018年初，作者与凤凰出版传媒集团部分出版社领导参观台北三民书局，右五为台湾出版人罗爱萍

员工

出版单位的发展是与员工成长相伴随的。没有一个出版单位的成功是以其员工忍受痛苦为代价的。员工及其家庭以出版职业为骄傲，并付出工作时间和业余时间。优秀的编辑、发行人员日夜都在想稿件、改稿件、跑宣传、定文案，牺牲了自己的业余时间。不同于一般的制造业工作者或商业工作者，编辑属于创意性行业，思绪与创意并不随下班而停止，他们对书稿朝思暮想，甚至为书稿的一句话苦思冥想而变得神情恍惚，行为怪异，影响了对家庭的贡献，因此，出版单位应将员工的成长与对员工的成就作为自己的重要价值追求。判断一个出版单位是否为社会做了贡献，是否对得起员工，一个重要标准就是编辑的家人是否以他们为骄傲。

忍不住再以李昕总编辑写刘振强先生的故事为例。

案例 | 中国台湾三民书局刘振强先生与员工①

说到公司的食堂，那是在刘先生力主下开办的。他怕员工

---

① 案例选自李昕:《做书的故事》，第 112 页。

在外打游击吃饭会染病,便决定为员工提供日常用餐。不仅是午餐,而且是每日早中晚三餐,全部免费。三民的员工若是单身,那是根本不需要自己开伙的。他要求厨师采购食物必购买符合卫生标准的食物,不必贪便宜。每到台风、地震等灾害过后,菜肉涨价,他会给食堂增拨钱款。他知道有些员工晚上要开夜车加班,便在公司大楼里为他们准备留宿的床位,但是他说,"不能让他们加完班饿着肚子睡觉",于是食堂加开夜宵,所以三餐时常变成四餐。关于员工的生活和健康,他总是想得很细,令员工感到温暖。

员工们的需要和困难也是时时在他心上。有些编辑要出国深造,他会主动资助路费学费;有的员工要置业买房,他或赠一笔钱款,或无息借款,以表达自己的支持;有几位贡献特殊的老职工的住房,干脆就是他给买下的;有的员工家庭经济拮据,受工薪制度限制,他不能随意给人家涨工资,但是他会时不时送上红包表示心意;有的员工生病住院动手术,他也帮忙支付大笔的医药费。公司招聘新员工,他会对他们讲:"我对你们有约法三章:第一不能赌博,第二不要说谎,第三不可贪污。你们遵守这三条,经济上有困难可以找我。"于是员工们都谨慎廉洁,克己奉公。

……

当然员工也是各种各样,未必都能将心比心,以心换心。有的员工拿了刘先生的补贴出国留学,学成回来另谋高就,不再回三民了。这时身边的朋友便会为刘先生打抱不平,说:"这钱还不如打水漂呢。"刘先生却说:"我不要求人不负我,只要求我不负人。"

他善待一切员工,把他们当作自己的家人。只要进了三民门,做了三民人,就享受三民的福利。1998年我第一次参观三民书局总部大楼,刘先生陪着我十几楼面逐一看过,我注意到,楼上楼下几百名员工,使用的座椅完全相同。特别是座椅,那是一种电脑桌前的办公椅,造型独特,靠背显示出贴身的人体曲线,吸引了我的注意。刘先生告诉我,这是他特地从日本定制的符合人体工学原理的座椅,坐在上面,腰背不易疲劳,可以减少罹患脊椎和腰部疾病的风险。他补充说:"这椅子很贵呢,要1万新台币(大约2000元人民币)一把。"我听得着实吓了一跳,觉得刘先生的大手笔真是无处不在。

股东

很多出版机构是由股东投资的,这就决定了出版者的决策必须听取股东的意见,执行股东大会以及代表股东的董事会的决策。投资者将资金投入出版行业,很多都是为了追求投入产出,实现最大的投资效益。

当然,也有股东投资出版机构为的是实现公益价值和他们的文化理想，并不追求投资的回报，有的甚至不允许资本回报。国外很多公益出版机构，包括很多政府和非政府组织所办的出版机构，大量出版物仅以成本价出售，或直接向读者赠送；除此之外，我国以前主要作为事业单位广泛存在的出版机构，理论上也不以追求利润为自己的主要目标，如目前未改制的各类民族出版社、部分人民出版社等。不过，由于公益性出版单位出版的图书类型单一，数量不多，不构成一个特殊的出版组织种类。

过去很长一段时间，我国出版单位大都属于自收自支的事业单位，政府并不拨款，几乎等于企业，或属于"事业单位企业管理"这种即使是全球最好的经济学家、公司法专家都难以解释的产权形态。它们是经营性单位，但即使经营亏损，也不会破产，人员也不能解聘。今天，原"事业单位"几乎都已改制成企业。对这些国家控股的出版企业特别是已经上市的国有出版企业而言，实现国有企业保值增值是国家的"无差别"要求，即使你出版了类似《四库全书》《永乐大典》《册府元龟》这些名垂青史的经典著作，如果经营者没有实现保值增值，主管部门也会对你反复督查，证券管理部门也会不断函询。

第三章

上市的利与弊

发端于本世纪初、由中央层面推动的文化体制改革,促使出版业发生两个巨大变化,一是政企分开、政事分开,二是改制。出版社由过去的国有事业单位转变成企业,这些转变成企业的出版企业大多隶属于新成立的由政府授权进行资产管理的省属或部属国有出版集团。这两项脱胎换骨的变化,使得过去地区分割、政府所属的出版事业单位,变成可以以资产价格进行计价的有限责任公司,变成了以资本为纽带、以股份为计量单位、以市场为平台的交易客体。这项改革为单体出版企业或出版集团上市扫清了障碍。

我国出版企业特别是图书出版企业通过上市方式进入资本市场,经历了不甚清晰、但有相当痕迹可循的三个历史阶段。第一阶段,是少数紧紧乘着中央文化体制改革东风,以辽宁出版集团、上海新华传媒为榜样,横空出世的第一批弄潮儿。弄潮儿极大地刺激了岸上观潮人。在辽宁出版集团、上海新华传媒(其实是发行集团)上市两三年后,一批重磅出版企业陆续敲锣打鼓进入证券交易所,凤凰传媒、中南传媒、中文传媒等悉数登场,得到满场喝彩。在这个阶段,出版界离开"资本"二字似乎就不会搞出版,不懂得资本市场的出版社社长都是"不知有汉,无论魏晋"的桃花源中人。

但是,高潮不能总是持续,钱塘潮也只在每月初三前、十八后才能掀起惊涛骇浪。近四五年以来,虽然也有连绵不断的跟进者,但总体来看,业界趋平、舆论看淡、管理者看平。大家发现,经过十年的上市风潮,图书市场似乎并未因此而更加繁荣,好书也并未如期大量出现,大家期待的出版业的融合发展、传统出版业数字化转型也未能尽如人意。而作为中国传统出版核心基地的上海世纪出版集团也意志坚定,尽管他们离敲锣上市的地方最近,却未在资本市场上焕发光彩,他们喊出"做中国文化的脊梁"这一动人口号反而赢得广泛赞同。

在这种情况下,在 2015 年全国书市前,高层提出了"三个第一"的要求,即要求"把内容建设放在第一位,把质量放在第一位,把出好书放在第一位"。这些要求的提出,显然暗含了高层对苗头性问题的担心和警觉。从此,出版从业人员见面必谈市值、市盈率、股价、每股收益等对老一代编辑如同天外来语的局面大为改观,加上两年多的超级大熊市狠狠地教训了一番"资本痴迷者",出版企业上市风潮似乎戛然而止(仍有零星出版企业在此期间上市)。2020 年年中,兴致勃勃的浙江出版联合集团在董事长的带领下,组成了 9 人的考察组到邻居凤凰出版传媒集团,学习上市后的企业构架以及上市要诀。浙江考察团受到了凤凰接待组成员的热情接待,但是,满怀期待的浙江 9 人团遇到了接待态度热情但上市态度淡定的凤凰 9 人团,得到"能不上市最好不上市"的保守建议。不过,极具定力的浙江同行目光依然坚定,回家不久就正式开始了他们浪漫且光辉的路演并一路挺进到上海证券交易所敲锣上市。与他们同期,中国科技出版公司和中国出版集团"国家队"的上市,也掀起了出版资本市场的小圈涟漪（没有惊涛骇浪），进而将出版企业上市推进到当前的第三阶段。

经过三个阶段的峰谷起伏，通过对近十年发展历程的观察，我们不但应该冷静，而且已经可以冷静地回首过往轨迹，深入思考成败得失，发现出版企业上市后的新问题。

当然，客观地说，文化体制改革、出版转企上市是国家大的战略方向。理论上，改革的目的是为了做得更好，是为了实现"三个第一"。如果偏离这个方向，那是因为我们的改革还没有深入，还没有进行整体、系统和配套的改革。出版企业上市为出版企业融得资金，促进了企业的兼并重组，为企业带来了微观层面上的活力。

募集资金的用途

大家公认的、也是从理论到实践都体会到的优点是，上市能够为企业发展带来宝贵的资金。民间的说法是，上市公司都患有资金饥渴症。但是，从目前的情况来看，已经上市的出版企业在上市前都不缺乏资金，不但不饥渴，反倒个个都是财力雄厚。当然，一切上市公司之所以能够上市，基本上都是优质公司，而优质公司的资金并不总是缺乏。然而，这完全没有阻挡拟上市的出版企业冲进资本市场的大门，几乎所有出版企业都在上市公司募集资金用途说明书中阐明它们的新投资项目,这些新的出版项目很多并不是出版企业的传统主业,而是他们并不熟悉的"主业":数字出版、文化地产、在线培训、手机游戏……确实部分上市出版企业获得了成功,手机游戏利润暴增,一部电视剧赚了几千万;或者因为兼并民营企业,报表合并增加了不少利润。上市能否令内容生产更好、质量更高、好书更多,或者说那些好书、优质内容是用上市公司募集资金来干成的,还有待进一步探讨。当然,未上市的公司似乎也不会因为资金缺乏而将出好书、内容建设、质量建设由第一位变成第二位的。最为典型的是人民出版社,这家仍未改制的出版事业单位十年来获得了高速发展,两个效益大幅提高。

相反,出版企业上市后募集的资金躺在账上睡觉、长期没法使用的情况并不鲜见。出版是一个微利、平缓增长的行业,人们的消费习惯和图书需求远不会在一个较短时间内有大幅改变或增长;图书是一种古老的润物细无声的精神产品,物质和文化水平的大幅提高以及人口的急剧增长才能带来出版业的急剧增长。在我国经济新常态的状况下,募集资金如果硬往图书出版业上投,只能带来品种的急速增长和库存的大量增加。这几年全国图书库存的膨胀便很好地说明了这一问题。

治理问题

公司治理结构的改善是国有企业改革的一个重要目标。党的十八届三中全会除了确定深化改革、实现国家治理体系和治理能力现代化的总目标外，也毫不动摇地提出了实现公司治理能力的提高这一具体目标。出版企业的现代化理所应当地包括出版上市企业治理能力和治理水平的现代化。

除了中国公司治理的共同特点外，出版企业也有其独特性。一是出版企业是精神文化产品生产单位，其追求目标和企业愿景，应当是为了中国社会的进步与发展、为了人的现代化。普通上市企业的第一目标是实现增长、实现利润以回报投资者，社会效益与经济效益没有太大的矛盾，而出版企业的第一目标是出版更多人民群众喜闻乐见、丰富人民群众精神文化生活的图书，在此基础上实现企业的利润进而实现可持续发展，简言之，是将社会效益放在首位、实现社会效益与经济效益相统一。出版人的使命与普通上市公司的使命因此有所不同，并由此带来企业战略的差异。二是从实践来看，以省级出版单位为例，改革前单体出版社的管理者（主办、主管者）只有一个，那就是省新闻出版局，经过事改企、政事脱钩，单体出版社增加了一个管理层级即各地省属出版集团，等到经过股份制改造完毕然后上市，单体出版企业又增加了一个层级——上市公司，这个上市公司"横亘"

在出版集团和单体出版社之间。简单看,单体出版单位的办事效率会有不同程度的下降。理论上讲,这可以通过职能转化实现效率的提高,但理论上解决得好也不是一件容易的事,在实践上解决得好就更难了。

人才的流动和吸引力

出版业是创意产业。我们度过了短缺年代,资本、印刷机械和纸张目前已不是最重要的生产要素,人才才是。出版事业单位改企,进而实现股份制改革并上市,由有限责任公司变成了股份有限公司,由有限股东投资的公司变成大众可以在证券市场进行交易的公众公司,理论上应该是充满活力、人才涌进的行业。但事实上情况可能相反,人才流出多、进入少。这与出版单位系国家事业单位的年代形成了对比。现在圈内似乎普遍感到出版专业人才不但不足,而且难留。

发达的出版事业需要各类优秀人才的不断加盟。目前的情况是,出版企业吸引优秀人才的能力似在下降。这可以从三个方面加以判断。一是优秀大学生对出版企业的向往度在下降。与十几年前相比,出版单位每年招聘到的优秀名牌大学生明显减少。二是从机关、部队和事业单位转入出版单位的成熟人才明显减少。以前出版社是事业单位,在事业单位之间流动的人才较为常见,现在则反向流动,由出版单位流向事业单位的情况倒是经常发生。三是经济发展和社会分工带来多种行业，特别是新兴行业对人才的吸引力上升，致使有创意的人才自出版单位流出量在增加。

我在江苏人民出版社工作时，凤凰集团难得一次接受一名军转干部——某学院一位马克思主义哲学博士。看到集团董事长"马哲哲学博士建议安排到人民社"的批示后，我按捺不住内心的激动和喜悦。我对分管人力资源的蒋子平副社长说，博士到社里报到的时候第一时间通知我以便迎接。某日上午，蒋子平电话告我博士来了。我匆忙赶到电梯口，看到了蒋子平，却没有看到心仪的哲学博士，便急忙问转业干部在哪。他说这位博士与他一见面便问出版社是企业单位还是事业单位以及他自己是企业编制还是事业编制。当蒋社长耐心告诉他我们是企业，只要干得好效益可能不比事业单位差时，转业干部还是扭头就走了。

短期利润目标

前面说过，事业单位与企业单位的价值追求并不完全一致。事业不追求经济效益，企业要追求经济效益。非上市企业与上市企业的价值追求也有所不同：一般企业追求长远利益，上市企业在追求长远利益的同时必须兼顾短期利益。

十年前尤甚，近几年稍好。十年前，各地出版社的同事都感到发展的巨大压力，特别是经济指标的横评竖比，使发展快的集团和出版社备感自豪,到哪儿都是座上客,同时又有怕被追赶的恐慌,发展稍慢的出版集团或出版单位则想方设法赶超。这种比、学、赶、超(没有"帮")劲头值得肯定,但出版业的发展自有其规律,无论是人员准入、资源储备还是持续增长的速度都受到限制,不似一般物质产品生产通过生产设备和技术改造便能突然进步。这种争赶的焦虑情绪在出版企业竞相上市后尤为明显。资本市场的压迫对利润指标要求更高。上市企业在图书市场无法使投资者获得高额回报的情况下,转而从事其他短期能获得更大回报的行业。出版业一度似乎忘记初心、舍本求末,媚于资本市场的情况比较突出。

在中国,上市的非国有控股公司短期变现、关联交易以掏空上市公司的案例过去并不少,上市公司左挪右支、偷梁换柱的事情也常常被媒体披露。上市出版公司是国有资本控股公司,不存在非国有控股公司操弄变现的动因,但实现短期利润、做好报表的动机仍然存在。与非国有上市公司操弄是为了变现的动机截然不同,国有上市公司多数是为了业绩。国有企业的年度考核制和排名制每每让经营者如坐针毡、夜不能寐。在国有出版资产经营的授权者眼里,出版上市公司与农药化肥、鱼虾养殖、服装鞋帽类上市公司并无二致。每年年末,国资考核者紧盯总资产、销售规模、利润指标、每股收益、资产回报率等核心指标,至于好书上榜数、读者口碑度,在他们的计算机里还没有开发出这样的考核软件。

第四章

科层问题：集团与出版社

在我国,目前的出版格局总体是按照计划经济的模式构建的。出版单位主要是由国有资本投入成立,非国有资本仅少量非控制地持有那些在证券市场上上市的出版企业的股权,或者在上市前春夜喜雨般的、随风潜入夜似的袭入一级市场,而非上市的出版单位或出版集团由国有单一股份持有。改革开放之前,除北京中央文化机构成立的出版单位和上海的传统出版单位外,各省市一般只有地方人民出版社一家,主要代印国家人民出版社的学习材料和宣传地方科技文化事业。改革开放后,国家为大力发展社会主义文化事业,同时为迅速解决人民群众看书难的问题,决定由各地人民出版社将相应编辑部独立,分别成立科技、教育、文艺、少儿、美术、古籍等出版社。这种模式在各省、市、自治区大同小异,基本保持这样的格局。部分省份成立更专业一点的出版社,如江苏于 1987 年成立译林出版社,广西成立漓江出版社,专事外国文学的出版,作为对外开放的重要窗口,而中央各部委也基本按照一部委一出版单位的模式建制(少数部委例外)。同时,一些重要和知名高校也成立以服务本校教学科研为主要职责的大学出版社,极少数大一点的副省级城市(也叫计划单列市或较大的市)也成立了城市出版社,如青岛出版社、南京出版社、成都出版社等。20 世纪 90 年代以后,随着影像和数字时代来临,各省也成立了 1—3 家(或更多)电子或音像出版社,中央部委、高校和地方也设立了相应的音像、电子出版社。这些出版社在上世纪 90 年代和 21 世纪初,在电视机、录像机、音响、影碟机急剧普及的年代曾经有过今日难以想象的风光。而今天，如果你要访问一家音像或电子出版社，即使不是十室九空，恐怕也只会遇到几位精神不振、一脸迷茫的看守员工，他们甚至都没有遇到过那些"相对说玄宗"的"白头宫女"，对如烟往事一无所知，而当年光辉的音像出版事业在未来的出版史上能否被记载，取决于出版行业未来的历史教育是否能够深入和持续。

"一大二公"是改革开放前所有制的主要模式，那个时候只有一个"毫不动摇"。除了拥有微量自留地的农民和清晨才看到的走街串巷的理发师、磨剪子镪菜刀的个体户外，企业基本上是公有制（国有和集体）的，出版社也不例外。它们要么属于中央各部委，要么属于省新闻出版局，要么属于计划单列市市政府，而从业人员都属于事业编制干部，名牌大学毕业生分配到出版社，地位不低，收入也略高于行政干部，全不像今日合同制"工人"在出版社录用之后还在等公务员录用通知，一旦被录取便欢天喜地地卷铺盖离开出版社。这种情况在改革开放推行 20 多年后，特别是中国加入 WTO 前后被彻底改变。在"政企分开""政事分开"的大政策推动下，国家新闻出版总署下属的出版单位与出版总署告别，成立中国出版集团，留下人民出版社一家坚强而孤单地以事业身份战斗。地方省新闻出版局下属各出版单位离开原局机关成立出版集团，与原局机关留下的、很长时间在迷茫地工作的同事分手。一些城市出版社也政企分开，但一个孤独的出版社又不能孤悬在政府之外，于是尽管出版社数量极少（多数是一个），也时髦地挂牌成立集团，要么与出版社合体为一，要么将出版社降一级，也算有下属出版单位了，再拉上几个不景气的文化单位入伙，集团模样倒还周正。大学出版社实在难以成立集团，只好依原有模式运行，只是职员的身份可怜地转换了。还有一些省份在集团化方面走得更猛烈，如安徽省新闻出版局政企分开，成立了两个出版集团——安徽出版集团和安徽新华发行集团，互不隶属，地位相等。这两个出版集团成立后都获得了高速发展，如果这两个集团今日合并，规模立刻变大，在全国地位比现在更显赫。当然也有四川新闻出版局改革后出现了两个出版集团主业交叉的奇观——出版集团和发行集团，但原出版集团不做出版，而发行集团做出版，因为原有出版社都变成了发行集团的下属企业。在行业内有"四川出版集团不做出版、发行集团不做发行"的戏谑，其实并不准确。

成立集团的目的是按照市场主体运行。既然是市场主体，就要参与市场竞争，参与市场竞争的目的当然是赢得竞争，赢得竞争的目的和结果就是经济效益的提高。因此，各集团成立之后长期以来干的事情就是增加收入和提高利润。各出版集团在一起就比经济规模，看谁的销售收入和利润高，看谁的上市企业市值高，这已成为全国出版集团相互比较的集体潜意识和明主张。这种情况早已引起国家主管部门的高度警惕，主管部门反复强调社会效益的首要位置，要求将出好书放在第一位，这几年更是将社会效益的考核指标细化并与单位工资总额和负责人年薪挂钩，将出版集团过度追求经济效益的冲动拉回。不过，作为地方国有企业，其为国有资产保值增值的压力巨大，很多地方国资管理人员脑子里全是保值增值的指标，因为他们尽管知道什么是好书，尽管知道社会效益重要，但也不如用计算器计算投入产出更轻松、更客观、更好计算。他们看报表的能力要远远超过对一本本书加起来形成的社会效益的判断能力，除非他们全是书迷，日夜捧读而忘记了资产负债表、利润表或现金流量表。

在集团下面，有若干出版社，比较大的国字号出版集团企业数量多些，一般省出版集团拥有编、印、发、供全套体系，包括七八家出版社，一家控股和管理全省各市县七八十家新华书店的发行集团，以及数家经济效益不太突出的印刷企业和一家负责纸张等物资供应的企业。在移动互联网未成网之前，一些出版集团拥有当年一纸风行的都市报，效益超过大部分出版社，如湖南出版集团、长江出版集团乃至上海世纪出版集团都曾拥有令人眼红的都市类报纸，但今天，这些都市报大都成了集团领导需要日夜调研的"包袱单位"。

因为诞生于计划经济时期，全国各省集团下属出版社数量和专业大差不差，出版社前面只是省的名称不同而已，都是人民、科技、教育等等——当然也有少数奇、精、专、特的出版社，如浙江摄影出版社、蜀蓉棋艺出版社等。有很多地方没有古籍出版社,如广东、江西、福建等,古籍整理和出版工作由地方人民出版社负责,更有很多出版社为显示自己的高古志趣,纷纷取一些峻奇的名称,如岳麓书社、黄山书社、巴蜀书社、齐鲁书社等,但一些外行人容易不把它们看成古籍出版社而视为书画机构或国学机构,也如贵州的孔学堂、杭州的西泠印社和扬州的广陵书社等。

本书主要研究图书出版,单就图书出版单位结构情况进行研究,出版集团科层中的其他非出版主业组织略去不表。

第五章

编辑的阶梯、修炼和实践

如果说编辑部是出版单位最小的生产单元,那么编辑就是这个最小生产单元的一分子。优秀编辑部需要有优秀编辑。没有优秀编辑的编辑部几乎就是一群"乌合之众"。

对一位编辑来说,编出一本好书,在相关领域获得较高的知名度,取得很好的社会效益和社会认同,无数读者同时在读他编的书、赞扬他编的书,这是对他莫大的鼓励和激励。同时,他获得很好的经济效益,可以更好地滋养子女,全家过上幸福生活,这就是好的编辑、幸福的编辑。好出版社成就好编辑,好编辑成就好出版社。

编辑的六个等次

首先,什么是好编辑?其次,需要哪些核心素质才能成为一个好编辑?最后,一个好编辑是如何做好一个项目、一本书的?定义、内涵和行动力,这三个部分构成我关于编辑人才的系统性思考。

编辑之间存在阶梯,由差到优。并不是所有的编辑都是好编辑,事实上有很多差编辑。这是我做总编辑之后,经过对所有编辑默默反复观察、分析、归类总结出来的结论。

我直观地将编辑现状分六个等次。

最低等的编辑就是第六等编辑,他们看不懂稿件。有人质疑看不懂稿件的编辑能否被称为编辑。确实有看不懂稿件的编辑。少数编辑把"编辑"当作一个工作岗位。在岗位上，有好营业员也有差营业员，有好驾驶员也有差驾驶员。同理，如果把编辑视为一个岗位、一种职业，你不能说编辑都是伟大、优秀的，就好比上面所说的营业员、驾驶员以及教师。说教师很伟大的也不对，因为也会有很差的教师。如果没有很差的教师，就不会出现教师被解聘的情况。最低等的编辑，看不懂稿件，只会用软件或参考字典改改错别字。如果错别字都不会改那就不是编辑了，因为这是岗位的基本要求。对所有编辑从严要求是近十年才有的事，招聘时学历也有要求，招进后会进行各种培训，保证了岗位编辑的基本职业水平。但 20 世纪八九十年代还是有很多是靠"关系"进来的"编辑"。他们看不懂稿件还在编书，拥有不差的收入、追求更高的奖金和待遇，却对单位充满怨言。自己的能力不强，对出版社的要求倒很高。这就是现实中第六等编辑。

第五等编辑能看得懂稿件，但是对于稿件好坏优劣不能做判断。稿件来了，他就排排版，然后改一改错别字。

第四等编辑能够知道稿件的好坏，是称职的编辑。理想的编辑起码应从四等开始，但现实情况是从六等、五等开始的。凤凰传媒佘江涛总经理经常讲编辑的能力之一便是"书稿判断力"——稿件拿到手之后知道稿件好坏：稿件很差的退稿，稿件好的留下。要成为一个很好的编辑，第一个前提便是成为一个很好的读者；如果不能成为一个很好的读者，也就不可能成为一个很好的编辑，就到不了第四等。

第三等编辑才是我们所认同的比较优秀的编辑。四等编辑知道好坏，但并不能使它变得更好。三等不但知道稿件好坏，而且能将稿件编得更好：调整不合理的章节，删除多余的表述（当然要经过作者同意），把不太利于阅读的表述改得更好。他比普通读者的层次更高，不是被动地编辑一部书稿，而是知道怎样让读者更喜欢未来的这本书，怎样把版式排得更漂亮。做到这些就到了第三等编辑，属于优秀编辑。

第二等编辑就更优秀了。疫情暴发时全世界关注健康问题、生物安全问题、疫苗的历史问题。有位很好的编辑，第一时间知道谁在研究疫苗，哪些人是公共卫生专家，然后迅速找到相应的专家，询问他们此刻正在研究什么，与此同时，他对疫情期间的国际关系进行了思考。他懂得真正的专家是谁，并邀请专家来出版单位开讲座。我曾遇到一些十分优秀的编辑，他们每次出差回来就能带一批好的选题，带领青年编辑一起做重点选题。他们的作者圈非常广泛，熟悉相关领域的学术动态，知道谁正在从事什么样的选题创作，知道哪些热点问题能引起读者的兴趣，并知道哪些人在研究这些热点问题。二等编辑在各个出版单位都是栋梁。

真正顶尖的编辑是能实现选题从无到有、化无为有的一等编辑。他所关心的问题，即使是很多作者和研究者也未必会想到；他所思考的世界问题、国家问题，特别是当今中国社会、家庭、经济、军事、文化等方面的问题，都是时代的重大课题。一等编辑认为有必要在这个领域进行深入研究并能够找到合适的作者来撰写。设置议题、策划选题，要求编辑事事、时时敏感，对世道人心有超越平常人的深刻体悟。唯其如此，才能成为一等编辑。

一等编辑是每个编辑追求的目标。他可以源源不断地创造新的出版产值。如果没有创造，就只会把别人的作品拿到本单位出版。其实，这些作品不在我们手里出版，也会在别人手里出版，社会并没有增加新的出版产值，只涉及是谁创造而已。而真正的第一等编辑，正是创造了出版的新世界。

每个人都变成一等编辑更好，但是实事求是地看，一个出版单位一般只会有5％左右的一等编辑，这是我平时观察的。我观察凤凰出版传媒集团的各家出版社，观察这些单位有哪些优秀编辑可堪大任，然后进行培养。

如果一个单位有10％左右的一等编辑，30％左右的二等编辑，大部分人都能到三等、四等编辑，不出现五等、六等编辑，这个单位一定不错。相反，如果一个单位充满着五等、六等编辑，这个单位一定前途黯淡。我国现有500多家出版社，那些排名在三四百以后的出版单位，一定会有很多的五等、六等编辑。

如何成为一等编辑

编辑既然可以分六个等次,那最终登上一等编辑宝座,便是每一位有志于出版事业的编辑的奋斗目标。

编辑的六个等次之中,较低层次的六等、五等不是天生的,也不是终生的;一、二等编辑也不是天生的,都是从六到五、五到四、四到三、三到二、二到一的,都可以通过自我奋斗和组织培养得到进阶。

要成为一等编辑或二等编辑,须提升以下六个方面的核心素质。

强烈的阅读兴趣

编辑的阅读兴趣极其重要。有兴趣阅读并不断扩大自己的阅读量,扩大自己的阅读面。阅读的东西越多,发现敏感而重要的问题就越多。一般来说,一个文学编辑看的小说足够多,就更加知道一部小说来稿的水平高低并判断在他已阅读作品中的位次。我年轻时喜欢读小说,后来多年不读,现在我就不太能够辨别小说水平的高低。我在江苏人民出版社当社长期间,读了不少历史、法学、哲学和政治理论方面的著作,我因此会发现哪些地方是学术热点，哪些地方已经有人深入研究过，哪些地方非常重要却鲜有人涉猎。

事实上，编辑就是这样成长起来的。一个好编辑，会一直在阅读、观察和思考，其中阅读是第一位的。成为优秀编辑的前提是具有强烈的阅读兴趣。平时不读书的人，没有一个会成为好编辑；阅读量太小，很容易夜郎自大、鼠目寸光。

看榜和盯盘

上文说到，一个好编辑的成长之路上，阅读、观察和思考三者极为重要。除了上文讲的阅读外，观察能力的强弱决定着编辑的优良程度。一个好编辑在市场上发现每一本好书，都会非常兴奋。读别人的书让我们兴奋，由己推人，自己的书能让别人兴奋地阅读，会使我们自己更兴奋。好书会在书店里找到，但更多的书会在各类榜单和媒体上被发现。好编辑会关注各种榜单，比如"中国好书""中华读书报月度好书榜"等图书榜单。

编辑通过观察去发现读者的口味和偏好，才能策划好书。社会上有什么好书？发布在哪些榜单上？最权威的榜单是哪家？榜单上的哪些书卖得更好？常去出版社最近的书店走走，比如凤凰的编辑就可以经常去凤凰书城、先锋书店，观察哪个柜台人流最旺，向销售员了解最近销量在前的书是什么，本版书卖得怎样。经常打开当当网、京东网等综合网店和国内排名前三的新华系统的文轩网、博库书城和凤凰新华电商,看看日榜、周榜、月榜以及类似榜单,看看国内知名出版社的网店和官方微信公众号,研究他们卖得好的书。如果自己的新书上市,就要每天关心自己的图书在各类榜单上的排名,分析盘面。

升则喜、降则沮,只有优秀的编辑才会有这种感觉。编辑经过日积月累的观察,反复看榜和盯盘,一定会进步神速。

对文字和出版的极度热爱

热爱阅读很重要,但编辑的阅读和作者、读者的阅读不完全一样。老师喜欢读书,作家喜欢读书,科学家喜欢读书,干部也喜欢读书,但作家、老师、科学家和干部不一定想成为编辑。编辑阅读除了与普通读者具有共同特征外,还有自己独特的地方。我平时注意积累很多与出版家相关的图书,喜欢读那些出版人的传记,那是因为对出版有独特的感情,而这些,普通读者则不一定感兴趣。

除了对出版和阅读的热爱,好的编辑还要对文字有超越一般人的敏感性。浙江大学出版社出版过一位日本编辑见城彻写的书《编辑这种病》。做编辑的人都知道,编辑有时候对文字有执着的、在外人看来近乎变态的"洁癖"。优秀编辑看到文字表达不准确的,标点、错别字频繁出现的,语句或文字搭配错误的,会觉得很难忍受。以"小心地滑"为例,我看到"地"这个字边上

2021 年，苏州"江苏书展"，作者与余斌（中）、叶兆言（右）对谈
背景板的"读什么"被拍成"卖什么"

的土偏旁不清楚,想容易担心会被读成"小心也滑",就建议主人注意;看到一场进行中的读书会被拍照成"卖书会"时会既恼火又开心("言"字旁未拍进去),尽管别人根本不在意。

同时,编辑十分关注上下文的逻辑,注意文字的严谨性。我经常发现包括一些重要部门的负责人,在正式发表的文章里都存在措辞不严谨的地方,就忍不住地想指出来或改过来。我在微信里喜欢纠正人家的错误,是强迫症的一种表现。编辑因追求逻辑的完美近乎变成一个"毛病";患有"文字洁癖"的编辑们无法容忍出现歧义、错别字、表达不准等瑕疵。

对文字不敏感,怎么能把文字改得更好呢?这句话是摆在这里更好,还是摆在其他地方更好?这和经常看画是一个道理。不是只有画家才识货、才能去参加拍卖会。只要你看的名画足够多,有了对比,你就能一眼看出一幅画的好差优劣。同理,如果你看的文字比较多,经常阅读高水平的作品,你就会有清晰的辨别力——这就是对文字的敏感性。

对现状与趋势的敏感认知

选题策划的第一素质在于敏感。世界和中国发生了什么、正在发生什么,当今社会需要什么,什么是世界和我国当前的核心问题……一个优秀编辑一定会清清楚楚。

译林出版社是一个非常优秀的出版社,队伍整齐,编辑年轻,特别敏锐。过去多年我想策划的选题,到译林出版社一看,很多已经出版或准备出版了。

2014 年我到英国参加伦敦书展,在美国 WILLY 公司展台看到一本书 *Why We Build*。这本书详细讲解了当今世界一些著名建筑的设计理念,包括中国的"鸟巢"、中央电视台的新大楼。我对此很感兴趣,回来后便让人去购买这本书的版权,后来发现译林出版社早就把它的版权买去并组织翻译出版了。

时代变迁过程中的社会大潮流,一定会有相应的图书出版来加深我们对这个世界的认识。即使不是新书,因为时代所需,旧书也会变成新书,诚如福柯所言:"关键不在于经典讲述的年代,而在于讲述经典的年代。"

译林出版社还出版了《疫苗竞赛》这样的图书。在疫情频发的年代,疫苗竞赛,谁走在前面谁就胜利,《疫苗竞赛》这本书被及时翻译了出来。此外,他们还及时出版了多本公共卫生方面的图书。

优秀的编辑一定十分敏感,不一定是人际关系的敏感,而是对社会与世界的敏感。敏锐观察、敏锐认知、敏锐感受,是成为一名一等编辑的重要条件。

对社会心理和知识动态的高度关注

社会上老百姓怎么想,知识分子怎么想,公共话题是什么……

优秀编辑都高度关注。十几年前《明朝那些事儿》卖得非常好，因为过去毛泽东主席关注明朝、号召官员读明史，普通读者也希望对明朝有进一步了解。本世纪初电视剧《雍正王朝》《康熙王朝》连续播出，也因为清朝是离我们最近的封建王朝，以二月河清朝大帝传记为主打的清朝题材图书大卖特卖。后来人们喜欢民国风，市场上又出现大量民国题材的图书。近几年大家又突然"回到"宋朝，研究宋人生活，出现了《生活在宋朝》《假装生活在宋朝》《风雅宋：看得见的大宋文明》这些书。为什么写元朝的书很少，写汉朝的书也不多？因为宋朝好玩，社会生活发达。宋朝国家不一定强大，但艺术发达，北宋皇帝画画写字都很内行，人民生活水平也很高，让人觉得宋朝人比较舒服、浪漫、文艺，《清明上河图》就表现出宋朝繁荣的街市。很多人喜欢优哉游哉的节奏，推崇慢生活，加上宋朝知识分子很受重视。这种阅读话题反映了今天的大众社会心理。

好编辑往往高度关注学界动态。优秀出版社的编辑经常参加各类学术会议。我有时候参加学术会议时发现其他几个知名出版社的编辑也在。我参加南京大学商学院举办的经济学会议，社科文献出版社的编辑也在；我参加著名学者刘东教授组织的几次会议，北京大学出版社和上海人民出版社的编辑也在；我参加作家格非的作品研讨会，包括花城出版社在内的几家文艺出版社的编辑也在。

2021 年 5 月，作者在扬州参加格非作品研讨会时与格非（中）、毕飞宇（右）在一起

畅达的人际交往能力和广大的朋友圈

编辑是一个非常开放的群体,不能闭门造车。朋友越多,滚动交流认识的朋友就更多。编辑结交的一般不是吃喝玩乐的朋友,也不全是引车卖浆的朋友,而大都是在科学、艺术、文化、教育领域有一定造诣的专家与学者。你结交的朋友越多,各种学术信息和稿件信息就越会纷至沓来。朋友圈人多,编辑就会接收到各种消息,包括哪场学术会议何时开,谁最近正在撰写什么书稿等等。

获得选题的三条"意外"捷径

被培养并逐步具备以上多条或全部的核心素质后,编辑的策划和组稿能力就会大大提高。一般情况下,编辑开发选题或获得书稿的方式是组稿、自发来稿,以及了解国外图书出版情况并引进。但很多编辑都知道,优秀书稿并不总是如愿而来;有些书稿竞争也很激烈。上述一等编辑创设议题、从无到有策划选题之外,以下三个方面的稿源获取捷径往往为一般编辑所忽略。

第一,偶得。与"文章本天成,妙手偶得之"相似,很多好书稿或创意往往来源于一时的灵感和机遇。逢上这样的机遇后,唯一要做的事就是紧盯不放，不要让一次"灵感"或"偶遇"轻松忽略过去。南京大学程章灿教授和徐兴无教授都曾对我说，他们的稿件都是编辑日夜紧盯给盯出来的。

偶得取决于编辑对于某个方面的敏感度，而敏感度取决于这位编辑在这个领域内的阅读量和接触面。有了足够的接触面和阅读量，你会发现偶得的东西往往都是必得的。

以我的经历为例说明。奇怪而巧合的是，以下经历大多发生在火车上。

在做"'四个全面'战略布局丛书"之前，江苏人民出版社和江苏省委宣传部一起策划过很多项目，主题出版影响日益突出，江苏的理论普及、理论研究、理论宣传、理论推广与理论出版互为成就。2013年省委宣传部开始组织编写"社会主义核心价值观研究丛书"，把社会主义核心价值观12个核心词各做一卷，加上总论卷、实践篇共14卷，在2014年秋天出版后大约平均发行了一万套，理论界和学术界反映都很好，用中央有关部门的一位领导的话说，"还没有一个部门和地方有江苏省这么大的魄力"。2014年冬天我们在北京举行该书的出版研讨会后，在回来的火车上，我和时任理论处处长双传学坐在一起。

那年12月，习近平总书记正好视察江苏。他在江苏视察时作出了"四个全面"的重要讲话，几天之后媒体公开报道。这一重要思想，后来被表述为"四个全面"战略布局。我在火车上看到相关新闻后，就向同座的双处长提议进行研究和部署，力争首先在江苏将这一重要战略思想学深、学透并进行系统研究,因为这一重要战略思想在江苏率先整体提出,如果别的省份的研究领先于我们,我们就相对被动。双处长同意,回来就立刻组织江苏的理论工作者深入学习和研究,并最终形成"'四个全面'战略研究丛书",领先于全国理论界和出版界。

偶得还有《试点:改革的中国经验》一书的策划。2017 年 5 月,我作为评委去北京参加国家出版基金资助项目的评审,也是在火车上看到"学习小组"公号推出一个消息,就是习近平总书记召开深改组第 35 次会议,强调试点对于改革的意义。总书记有关试点问题讲得很深很全。我认真看了新闻并想到,试点的确是中国最重要的思维方法和改革路径之一。俄罗斯所谓"休克疗法"式的改革不能算成功,并导致了通货膨胀和后来的社会混乱;和俄罗斯不同的地方在于,中国的改革是不断通过试点逐步推开的。

在我们的身边也可以看到,过去医疗卫生体制改革,有镇江、九江的试点;改革开放也是在最初从 4 个经济特区和 14 个沿海城市展开的;其他很多工作也推广"先行先试",小岗村的"包产到户"理论上也是农村改革的先行先试。这是从实践上来看的。再从传统看,试点体现了中国人的哲学思维,不贸然推开;从唯物辩证法来看,它表明我们认识世界的能力不会瞬间有那么高,总有一个探索、实践的螺旋式上升过程。无论是从指导思想、哲学理论,还是从中国传统文化,以及从实践的角度,我认为中央强调"试点"这个方法都值得深入研究。

江苏人民出版社有位作者叫郑剑,曾是《人民日报》理论部负责人,我和他有多年的联系。我下了火车便电话约他,恳请他来牵头研究。评审会结束后,我改变了行程,直接去了《人民日报》海外版编辑部拜访时任副总编辑的郑剑。我把我的想法向他汇报后,他也觉得很好,不久便迅速组织了复旦大学马克思主义学院的李冉教授,"学习小组"公号负责人、《人民日报》海外版记者部陈振凯副主任,中宣部全国宣传干部学院张广昭博士等,共同创作这个庆祝改革开放40周年的选题。

此后我们便一起参与讨论,我去北京交流了多次。这本书也算是偶然所得。

始终保持对新鲜事物和重要信息的关注,会使你在不经意间发现很多好选题。

第二,改造。有的来稿内容冗长,有的则过多过杂,有的则定位不明晰,即使好的书稿也常有如此瑕疵。优秀编辑对书稿内容一定要有所取舍,要说服作者对它进行改造。

我改造过胡福明的书稿。胡福明是改革开放初期的风云人物,也是2018年中央表彰的百位改革先锋人物之一。省社科联组织编写"江苏社科名家文库",最初交给我们的书稿叫《江苏社科名家文库·胡福明卷》,是"文库"中的一本。这个文库,第一期十人,第二期十人,江苏省社科联资助出版,已经出版的有洪银兴卷、张宪文卷等。每本书分三个部分:第一部分是学术小传,第二部分是主要作品,第三部分是学术年谱。这些内容对于有关研究者检索和查找工具书类的信息是有价值的,但一般读者不会喜欢读。学术小传部分,包括出身、读书、工作,等等,属于原创。作者一般会把自己后两部分的重要观点重新整理一遍,然后交给他们的博士、硕士研究生或者助手去干,但学术小传只能自己撰写,别人无法代替,所以这部分才是真正有价值的地方,我对这部分很感兴趣。这段原创内容其他人写得都简单,我在仔细阅读之后决定把胡福明的学术小传拿出来单独出版,不但因为胡福明写得认真、讲得详细,共有六万字,有特别的出版价值,更为特别的是,下一年便是改革开放 40 周年大庆。

20 世纪 50 年代的艰苦生活,很少有人写得那么细。胡先生出生在无锡农村,儿童时期的生活极其艰苦。我看到第一部分就很感兴趣,因为我也出生在江南农村,那种生活和劳作的情形让我有共鸣。第二部分写解放初期北大的院史、校史和日常生活,写得非常真实。胡先生写了自己在北大新闻系和人民大学新闻系的求学经历。第三部分是他 20 世纪 60 年代在南京大学的工作经历,故事多多。第四部分则是有关《实践是检验真理的唯一标准》创作前后的故事。那段时间到底发生了什么,书里面有大家关心的细节。第五部分写了他参加旁听庭审林彪"四人帮"反革命集团的经历,非常珍贵。第六部分是他在行政岗位上的工作岁月。我读后才知道他最初不愿做行政工作,省领导多次找他,要将他安排到省委宣传部做省委常委、宣传部部长,省

2018 年拜访胡福明先生

委常委、省政协副主席，他都不想干，最后做了社科院院长。他认为自己是学人，不是官员。书生做官的岁月令我十分好奇。

这六大部分内容篇篇精彩，决不应该让它们埋没。于是我着手改造。我安排社领导对他进行了长时间的访谈，访谈基于六大部分内容深入展开，每个部分都很有价值。这些精彩的内容如果掩藏在这一堆"江苏社科名家文库"里便十分可惜。胡福明先生看我要单独为他出一本不一样的书，就非常兴奋地补充了很多相关内容，使其最终成为一本十万字的书。在这中间，我反复动脑筋设计封面，让人多角度不断为胡先生拍照片，力争拍出他的神采来。最后，胡福明先生跟我说："经过了一些事，自己更坚定了内心的主张，这就是：一要独立自主地思考，二要坚持实事求是。"他反复强调这两点，后来我就把这句话放到了封面上。

这就是改造。这本书出版后在社会上引起了强烈反响并上了各类榜单，销售数据也不错。如果检索的话，可以发现在网上有很多这部学术小传的评论，而丛书中其他没有改造的书评论比较少，发行量也不大。

取书名很见编辑的功力，对书名的改造更是一个优秀编辑经常要面对的大事。在很多出版社，一个普通编辑一年大概需要完成十本以上的图书，如果不是多卷本，则本本都要反复琢磨书名，对作者完成的书稿包括书名都不应该简单地"来稿和书名照用"。根据我的约稿，刘东先生将他三十年来写的散文随笔辑集成《咏叹之年》出版，里面也包括他 2017 年应邀到江苏作演讲的一篇文章《江苏文脉的激活》。我们反复研究最后决定以《咏叹之年》为书名，书名也是作者反复斟酌的。很多作者不允许或不太情愿编辑更改书名，认为自己是内行和专家，因此编辑改造书名应与作者反复商量，并力争说服作者。

2012 年湖南文艺出版社与民营公司博集天卷合作，出版了《正能量》，发行百万册以上，一时洛阳纸贵。其实这本书内容与正能量不太有共通性，其英名原名 *Rip it Up*，意思是驱除不好做法，但编辑察觉到这个时代充满了抱怨、怒怼、撕裂的情绪，社会呼唤正能量，于是多次与原作者商量并更改书名为《正能量》，同时通过广泛的人员推动，促成此书百万级销售奇观。

2011 年左右，江苏人民出版社出版过《谁能读懂中国》一书，选择中国和世界知名的政治家、思想家和企业家畅谈对中国的认识，发行量一般。后来苏人社与紫云文心公司合作成立北京中心。中心主任李臻治对书名进行了改造，取名《读懂中国》并更改封面，三个月内销量翻了一倍并不断重印。改造后的书名意义更加清晰，将"谁""能"等含糊词删除后，使书的内容更加聚焦、更加简洁。

中华书局的"三全"大型丛书（全本全注全译）是其主打的市场产品。其中《道德经》的原书名是《老子》，出版之后销售非常糟糕。书局的一名编辑发现其他公司出版的老子著作卖得很好，便觉奇怪，经过研究发现，市面上老子此书都是《道德经》，于是也改为《道德经》，销量立刻比同期增加了数倍。这是中华书局原总经理徐俊告诉我的"改造"书名的典型案例。

当然，要想取一个好的书名，需要多方反复研究，尤其需要与营销、发行部门共同商讨。

第三，深挖。《光明日报》的谭华老师曾约我写一篇文章，叫《群像与楷模》，为庆祝江苏人民出版社出版的"大家丛书"即将出齐100种，加上丛书中的传主如杨伯达、袁隆平、吴孟超这样的大家近两年先后离世，于是我写了这篇文章进行小结和纪念。

在我到江苏人民出版社工作之前，"大家丛书"一度出版得不错，但出版社此前也有个弊端，就是考核方式只与个人业绩兑现，赚钱多的编辑提成就多、收入就多，因此，个人之间竞争激烈。出版单位制订了严格的制度，按联产承包责任制、分田到户这样的方式去分配。每个人都赚钱，效益也不错，但产生不了大项目；每一个人只关注自己当年度的提成，也不能形成长远和集体的战斗力。如果做重点产品，完成一本书就有一本书的项目津贴，对市场不很关心；每本书既不宣传，又没心思像我这样去对书稿进行改造、深化。编辑如果负责一套重点书，他的收入只与工作量有关而与发行量无关，编辑只要把一本本传记编出来就行。"大家丛书"是我们与中央电视台科教频道合作的，他们每推出一位"大家"，我们就出版一本传记。这套丛书出版的数量不少，但延伸产品没有。江苏人民出版社曾出版了《丘成桐传》作为"大家丛书"中的一种，但后来的《我的几何人生：丘成桐自传》却在译林出版社出版且大卖特卖，不到一年就卖了 10 万册。我到江苏人民出版社后，认为汇聚这么多大家的一个平台，仅仅出版他们一本传记十分可惜，就想将选题链向深度延伸，于是我要求编辑在每次拜访大家之后开发延伸产品。

向大家约稿，靠编辑一个人的力量往往是不够的，有些大家往往不会见普通编辑，于是有些编辑经常拉我拜访大家，我自己也经常去见大家。于是，在比较能干的"大家丛书"编辑戴宁宁的安排下，我分别拜访了北大前校长丁石孙，香港基本法起草人许崇德，以及著名作家苏叔阳等。许崇德是香港基本法的重要起草人之一，是中国宪法学的泰斗，水平非常高，待人相当好。2012 年冬天我去拜访，请他帮我们撰写或组织撰写一些书。党和国家最高领导人非常重视宪法的作用，非常注重宪法的宣传和普及，何不请作为权威的许老先生组织这方面选题？于是我就深挖。我恳请他，他同意并组织他所有的名弟子来撰写一套"宪法知识丛书"。选题刚立项就入选了"十二五"国家重点出版规划。第一本《中国梦实现的根本法保障》，是响应和学习习近平总书记那时刚刚提出的"中国梦"重要思想的，第二年就入选了中宣部年度主题出版重点出版物选题。这套书出版之后，取得了很好的社会反响。这是深挖的结果。

许崇德先生是"宪法知识丛书"的主编，他一定要让我做副主编，我不敢也未答应，然后就他就选了他的两个弟子和我一起做副主编，一位是人民大学法学院院长韩大元，一位是清华大学法学院院长王振民,他们也分别是中国宪法学会的会长和副会长,都是当今著名的宪法学家。既然副主编跟我在一起,我便继续跟他们联系。2015年冬天,王振民在清华大学任法学院院长,我和他见面的当天,他刚和陈吉宁校长从香港出差回来。2017年是香港回归祖国20年,他是香港基本法研究的权威,当晚我请他帮我写一本书,他答应了。谁知道答应之后,他随即就调到香港做中联办法律部主任,好处是他专门参与关于香港政策的制定,不好的是从教授转到行政岗位后非常繁忙,要处理很多事情,日理万机、夜以继日,总是晚上一两点钟才和我联系上。尽管如此,他还是把我们约定的这个选题全部完成,非常不易。这本列为国家级的重点选题终于在2017年香港回归祖国20年庆祝日之前出版。这是一步挖、两步挖、三步挖、反复挖出来的。

现在,王振民是宪法学的权威,也是全国人民代表大会研究会的会长。于是,在新中国成立70周年和建党100周年这两个重要的节点前,我们约他撰写关于中国人民代表大会制度的选题。作为我国根本政治制度的权威研究者,他当然是最好的作者,书稿也已完成交稿。

这几年,苏人社开拓产品的衍生能力有了很大改变。他们在出版了著名美学家、武汉大学陈望衡教授的《我们的家园:环境美学谈》之后又约到《中国古代环境美学史》七卷,此选题入选了"十四五"国家重点出版物规划项目。然后,苏人社再接再厉,又出版了陈先生的《大唐气象》,轰动一时。

　　我曾将毛泽东同志的名言"深挖洞、广积粮"戏改为"深挖人、广积稿"。只要有很好的作者朋友圈，并不断地扩大，不断地深挖，就像福建著名作家林那北获得"首届凤凰文学奖"的小说《每天挖地不止》的书名那样，编辑一定会发现很多、很好的选题。

　　这就是我的经验：偶得、改造、深挖。如果能做到这三点，好选题能够源源不断地出现，书也能做得越来越好。

编辑与另类能人

　　一般来说，优秀编辑都是能人，但出版社也有另外一种能人，他们非常优秀，却未必会是很好的编辑。当然，这里所谓不是好编辑的能人不是指发行人员、行政人员等职工，而是指在编辑岗位上的人。

　　第一类能人是太专的"编辑"人员。编辑要有较宽阔的知识面，不宜太专。这是我的看法，不一定对。根据我几十年的经验，在某一个领域过专的编辑，往往做不好编辑。"博"为编辑第一素质，同时适当地专，但不该是十分的专。编辑要有很强的学习能力，即使最初在某个领域不很熟悉，但通过不断的阅读、交流、参加学术会议，也可以由不懂变得相对懂，直到变成"精"。然而，如果编辑到了专业研究者的程度，在某一领域深入到拔不出来,到了"两耳不闻业外事"的时候,我认为他可能也可以离开出版社了。作为研究者的"专"是好事,作为编辑的"专"有时候是坏事。因为"专",有时反而会与作者发生冲突;还因为"专",会沉湎于自己的专业而弱于作为优秀编辑最核心的素质"博",会不屑于做专业以外的事。

我见过一些很"专业"的编辑,包括不少名牌大学毕业的编辑,最后都离开了出版社,选择到大学当老师、到画院当画师、到作协做专业作家,很快便成了很好的教师、画家和作家。他们自己能写书,不甘心去编别人写的书,甚至于排斥别的专家写的书。太专之后,还容易犯的毛病就是门派之见,这是作为编辑过度专业的弊端。

江苏人民出版社汪意云是我心中的首席编辑,是凤凰集团名编辑工作室掌门人。他们社长王保顶到哪儿出差回来后都能带来一批优秀选题和书稿,汪意云也是。她每次拿到好的选题回来后我们都很奇怪。北大哲学系原主任赵敦华教授是比利时鲁汶大学的博士,长于西方哲学史研究,其《基督教哲学1500年》畅销多年。赵教授也研究马克思哲学,但不同于我们传统的研究方法。他写的《马克思哲学要义》将马克思哲学解析为启蒙哲学、批判哲学、政治哲学、实践哲学和辩证哲学五大部分,体系全新并最终获得中国出版政府奖提名奖。他的很多书稿都是汪意云拿来的。汪意云是南大哲学系研究生,专业是逻辑学,对西方哲学特别是马克思哲学研究并不深。我曾对她说:"汪意云,有些哲学问题你好像没有好好研究。""是！我没有好好研究，但我知道谁在好好研究。"她骄傲地回答。

她可以组到很多很好的书稿，每次都能和作者谈得十分融洽。她的案头并不十分出色，她也承认这并非她的长项。可以说，她是一个"不十分专的编辑"的典范，但出版成果丰硕。

好编辑喜欢很多类型的图书，而不只是喜欢某个专业的图书。有很多"专业"编辑，在出版上没什么成果，但在社会上享有盛名。这样的"编辑"很多，是出版社的"能人"，能"出圈"，但不是好编辑。

第二类能人长于"出版经营"，能赚到很多钱，为出版社创造比较好的效益，个人也因此获得很好的绩效奖金，但一辈子出版的"好书"很少，有的甚至不做好书。

我刚到出版社时，发现每一个编辑都害怕自己的选题缺少经费资助，老总们也明说某些选题如果没有经费资助就坚决不出。他们对市场极度恐惧，迷恋于有经费保障的大型出版工程类选题，或专做由作者个人或部门能够资助出版的图书。做出版工程类的选题，需要大数额的政府经费或部门资助来支撑，按需定制，成本和利润有保障，绝无一本库存，其实这已经不是在做出版，而是在做出版服务。现在出版服务的市场很大，这些"能人"的收入也更高，且没有风险，出版社也乐见其成。但市场上见不到这些"能人""出版"的书。"能人"们不会发现好稿件，没有收获读者看书的喜悦，不会看到网上好评，只关注资金是否到位。长期如此,"能人"完全没有大众市场意识,不知道如何把一本书做得更好。

这些"能人"和"出版服务商"似乎是经济效益突出而社会效益不明显的编辑和出版社,目前大量存在。

我们要做出版服务,但不应该是优秀编辑的唯一追求或最高追求。我到出版社三四年后改变了这样的出版观念,从不问出一部书稿有无经费资助,而是问选题本身价值如何。从 2017 年开始,我在出版社强调并鼓励编辑出版在图书市场中赚 5000 元、10 000 元的书,并让这些编辑感觉比合作出版赚 5 万元更自豪,因为从市场上赚来的每一分钱都是在做出版,是在做真正有需求、给社会带来效益的书。今后从严管制,出版社书号更加稀缺,这类"能人"可能越来越不会策划图书,越来越不会卖书。最终,这样的编辑可能将不再是一个编辑、将不再是一个出版人。他们是加工匠,完全有悖于我们当初做编辑的初心。当然,问题的根本解决还需要出版社在发行和考核机制方面的优化,那是一个系统工程。

第六章

领导力：社长与总编辑

在一个组织中,领导人、负责人的作用十分重要,在转折时期更能显示其独特的作用。水能载舟、亦能覆舟,无水之舟要么原地不动,要么深陷泥潭。领导干部需要群众,光杆司令寸步难行。但在基本的水势之下,船往何处开,船开得疾缓稳荡,往往取决于船长的判断和决定,需要船长的眼光、智慧和勇气。

在我国,出版社一般也是企业。企业运行得如何,不仅取决于市场大势,更在于企业对各种生产要素的调动运行。社长和总编辑是企业家,编辑、发行员及行政人员是劳动力,这两者都是生产要素。企业家的素质、价值观、用人标准对企业影响至巨。出版社若缺少优秀员工,社长可以寻找、发现、培养,但若缺少优秀的社长或总编辑,出版社将面临层层障碍。出版社的社长、总编辑均由上级单位任命,企业本身无法选择。上级单位、各出版集团如长期对下属出版单位的负责人不了解,或了解后无法及时做出调整,导致出版单位局面变坏或迟迟不能打开发展局面的情况经常发生,其责任不在出版社、不在出版社员工,而在决定出版社领导的领导。

社长及其核心素质

社长是全社的核心,是出版社运营的第一责任人,是单位的法定代表人,对委任他为社长的人和组织负总责。根据新时代出版工作的要求，他既是党的建设、履行全面从严治党的主体责任人，是单位党风廉政建设的主体责任人，也是搞好经营生产、完成国有资产保值增值的主体责任人。上级下达的各种经营目标、党风廉政建设目标、安全生产的目标都落在社长肩上，压力"山"大。虽然单位的"三重一大"（重大事项决策、重要项目安排、重要人事任免和大额资金使用）由社委会集体决策，但出现问题后，责任总要由社长承担。因此，选择社长至为重要。

在现有国家文件中，还没有看到对社长职责和能力方面的具体要求，但因为社长是企业的法定代表人，除上述"两个责任"外，其职责是全方位的，包括决定出版社战略决策、组织架构设计、人力资源调配、生产过程总协调以及收入分配等等。小型出版社一般不涉及投资问题，大型出版社如中信出版集团或大型民营出版机构，还会涉及投资问题，这是社长更重要也是更危险的职责所在。

虽然上面谈到社长在战略决策方面的职责和作用，但我对一般小出版社是否需要研究战略，一直心存疑惑。出版单位的战略大致相同，别无二致。2012年，我刚到江苏人民出版社任主要负责人时没法说清很多想法，便很简单地提出想实现的三个目标：出好书、赚钱、培养人，以后我也大抵反复围绕这三个方面来做。有人希望我多从战略层面思考问题，工作不要做得太具体。我一时很茫然，因为我不觉得一个百人左右的出版单位需要宏大的战略，如果围绕这三个目标反复推动，不就可能会成功吗？事实上，根据近十几年来我的观察，一般出版单位做得好的，大体也是围绕这三个方面来做并推动，这三个目标是互为条件、互为结果的。

一个合格乃至优秀的社长，必须保持政治上的清醒，始终将社会效益放在首位，实现经济效益与社会效益相统一；始终围绕国家现代化建设大局开展工作。除此之外，还必须具备如下一些核心素质。

明白出版、了解出版、热爱出版

知道自己的工作职责是任何职场员工的第一素质，明白出版的意义更是所有出版人的第一职责，更何况社长？但现实情况是，不是每个人都能明白出版对世界的意义，也不是每个社长都能明白。很多社长工作多年，对自己所从事出版工作的意义和价值不甚了了，特别是很多非出版系统的社长，如少部分高校出版社的社长和国家机关部委出版社的社长。出版社在这些单位不是一个核心部门，相当一部分主办主管部门领导嘴上不说，心里却认为出版社是一个可有可无的边缘部门，或仅仅看成可以安排干部的中层单位，经常将那些不喜欢的中层或想挪腾的中层安排到出版社，出版社也做不了主管或主办单位的主。这本不奇怪，但如果被安排的社长自己也有这样的想法，或者是原来想在更吃香的部门或单位谋一要职，不小心或无奈被"旁落"

到出版社，整天戴着"如丧考妣"的脸到出版社，多年一贯制，这样的人不明白出版，不适合做社长。

一个优秀的社长应该时刻明白他在做一件有利于千万人成长、能使千万人获益的伟大事业，万千读者因为读了他们出版的图书而成才、而欢乐、而进步。在任何一个单位，如果能从事与本行业十分密切的出版工作，最起码对行业有利，行业的成果、技术、发展方向都会在出版物中体现。用凤凰传媒总经理佘江涛先生的话说，要明白出版是"小行业、大功德"。说是小行业，是因为全国出版业总产值甚至不如一个大型企业，如宝武钢铁集团；说是大功德，是因为全国出版行业消失了，可能就是一片黑暗，而消失几个规模比全国出版行业还大的企业则未必。

从明白出版到了解出版还有很长的路要走。一个社长仅仅明白出版的意义还不够，他还必须了解出版，否则就是外行。一个外行的社长来领导一个出版社，如果不瞎折腾还行，最多是挫伤了原来想当社长的总编辑或副社长、副总编辑的积极性，还不至于将出版社搞乱；如果外行且自信满满地干事，又不听取别人的意见，胡乱决策，就会笑话满天，打乱出版社原来好的生产机制。

出版有自身的规律，有自己的市场和用户群。一个优秀的社长如果不管内容生产也没有太大关系（当然懂内容生产更好），但必须了解出版市场，知道社会对出版物需求的总体趋势，清楚生产的节奏和流程，知道书的形式和产品在市场上的反响。

如果社长热爱出版，则是出版社的大幸。一位对出版事业发自内心热爱的社长，将会与许多作者成为朋友，这些作者因为与社长有话可讲，就愿意与社长打交道，因而将自己的好作品交由该出版社出版。

热爱出版事业，一定会将自己的全部心血和大部分精力投入到工作上来，有时甚至近于痴狂。走路时想的是出版，吃饭时想的是市场，睡觉前想的是装帧。他会为读者的一个建议而认真思考，会为一份意外的好稿兴奋不已，真可谓"为伊消得人憔悴"。

放眼望去，那些优秀的出版社，其社长无一不是对自己的事业有超常的热爱。做一天和尚撞一天钟，以及对自己的出版社和外面的世界一无所知的社长都是不合格的。

用人与容忍

凤凰出版传媒集团前董事长陈海燕曾说过一句令我印象极深的话："出版是典型的创意性产业。"出版的来源是凝聚在稿件中的知识、智慧与情感，分别代表科学、哲学和人文，而作品创作是典型的知识生产，编辑出版则是对知识生产的再加工，图书仅仅是被加工知识的载体而已，更何况今日的数字出版甚至都没有了自己的"载体"。在出版社，核心生产力就是判断、整理、编辑、设计这些知识的文字编辑和美术编辑。编辑是出版单位最重要的生产要素之一，一个优秀的社长必须比其他人更认识到这一点。他知道每个编辑的特长和短板，知道编辑的知识结构和加工能力。一个法律编辑从事科技出版，一个古籍编辑从事外文出版，就会笑话百出。当他知道所有的编辑并将其总体水平加以判断，便可知道自己出版社的生产能力和生产水平。不仅如此，社长还应知道分管领导的长短处，知道编辑、发行、营销人员、行政人员的匹配与均衡。

除了知人，还要用人，知而不用，会挫伤人的积极性。有些人适合案头，有些人适合策划。社长要用其所长，切勿求全责备。

社长要能容忍人。出版单位大部分虽属企业，但都是文化单位。文化企业中的人有时候比较专，甚至爱钻牛角尖，很多人很有个性。多年前，我曾请省内一位理论专家来出版社宣讲理论问题，突然收到下面听课编辑的纸条，说某某理论问题讲得非常空洞，弄得讲课者尴尬不已。还有北京一家出版集团的一把手到下属一个有重要影响力的出版单位去座谈，与同去的领导一起点起了香烟，侃侃而谈，围坐的几个资深老编辑突然站了起来，提醒在出版社室内抽烟不妥，集团一把手也从善如流，掐掉了香烟。

知人与容忍，不仅仅是出版社社长必须具备的核心素质，也为其他组织领导所必备。因此，社长要学会并敢于用人。另一方面，出版行为虽然如凤凰传媒总经理佘江涛所言是集体行为，但编辑的个体生产特征也十分明显，一个编辑可以用一己之长编出一本本非常好的书，有时编辑一人因一本书就可以创造巨大的经济效益，甚而足以养活全社。这些非常能干的编辑个体，要么业务水平突出，要么交往能力超群，要么营销能力拔萃，往往伴随着个人特立独行的待人处事方式，因此，容忍力为社长所必备的核心素质。一个出版单位专业门类不少，如科技出版社包括理工农医各科，而社长往往只熟悉一科，千万不要和下属比专业、比水平。对于不听话、不听指挥的高手编辑，尤其要尊重、关心并成为朋友。嫉妒、报复、看不惯，以及当众和背后的轻慢，乃出版社社长之大忌。

平衡经营与管理的能力

有别于总编辑，社长对出版社的经营和管理负主要责任。每时每刻对出版社入项和出项的总体情况保持心中有数。全年的经营指标是多少，实现指标的进度如何，各部门完成得怎样，有哪些可能出现的突发利空；一些重点项目的进展程度，未来三五年乃至八年、十年有哪些重大项目；在生产能力和生产规模上有何不足，人手和人才是否能够胜任这项目；哪些人可能未来几年会退休，准备引进多少新人来弥补；在现有的出版板块中，哪些产品市场很好需要加强，哪些产品读者反馈不佳需要反省，反馈不好是内容不好还是营销不到位；渠道发生了哪些变化，头部

2020 年 4 月，佘江涛（前左四）、作者（前左三）与凤凰集团部分社长在镇江望江书局

的经销商有没有经常走动,他们对本社的产品反馈如何;未来的现金流是否充裕;等等。这些都是出版经营过程中天天需要考虑和面对的问题,一刻都不能放松。

与此同时,社长必须注意管理中有没有出现问题,现在没有问题,未来有没有可能出现问题,以及管理中有哪些漏洞。

社长要将十分精力中的八分放在经营上,另外的二分精力放在管理上,或将管理交由稳重、忠诚于出版社的社领导负责。这是因为,经营开拓难度大,且天天处于变化中,特别是市场变化复杂,必须高度关注。而管理是静态的,只要合理制订制度,按照制度执行,按部就班,一般不会出大事。不少出版社社长不在外开拓市场和业务,不关注出版的转型,整天在家做些芝麻绿豆大的事情,天天就是批准报销,审核一张张单据和凭证是真是假,看看接待的人数有没有超标,卫生间的用纸是否有浪费,哪些员工经常上下班迟到。一般而言,这样的社长专注于"管理"一些容易管理的事情,无能也无心于业务开拓,不是合格的社长。

胆识与担当

社长是出版社这一组织的头领,负责引领员工向着正确的方向行进。他领导的不是一帮乌合之众,而是一批与他一样对出版社愿景和目标有正确和清晰认识的觉悟者。在招聘员工时，理论上社长已将一部分人排除在外。对于这样一批志同道合的共同奋斗者，有因能力问题发生错误的，有因短期失误造成损失的，有心急走错路的。出版是内容生产，而对内容的纷争言人人殊，在决策时会有不同的看法；当不好的结果出来后，有时候会遭到批评和处理；在经营过程中，有些项目也可能因为能力、判断失误、情势变化造成效益不如预期或亏损。优秀的社长善于察辨出版的趋势、产品的长期趋势以及造成未如初心的原因，在上级部门问责或下面群众有意见时，要一心为公而不是损公肥私，在决策时要有判断力和定力，不能随大流和人云亦云；当不利的结果出现时，自己要勇毅地将责任承揽下来，承担自己因监管不力或关注不细的责任，绝不可将责任推得一干二净。当社长没有胆识、没有担当时，所有的团队成员都会唯唯诺诺，胆小如鼠，失去前行的勇气和探索的精神，这样的组织将会死气沉沉，毫无活力。

译林出版社诞生于改革开放风起云涌的 20 世纪 80 年代。时势造英雄。"濯足急流，抽足再入，已非前水"，创始人李景端的卓越眼光、惊人胆识和担当精神都令人钦佩。当然，如果没有中央有关部门——新闻出版署，以及江苏省委（包括当时分管副书记孙家正——我不只一次地听时任省新闻出版局局长蒋迪安讲起他）和职能部门——江苏省新闻出版局的担当，李景端的开拓可能就是冒险和机会主义，他所推进的译林出版社极可能是烂尾楼工程。我长期与李老交流，一次又一次地从内心赞叹他的开拓意识。《译林》杂志在 20 世纪七八十年代刊载外国小说《尼罗河上的惨案》，在开风气之先便遭到当时有关领导的激烈批评，但江苏省委淡定地没有给省新闻出版局任何压力，而相关领导人不久也认同译林的尝试。如果当时江苏省委没有胆识，《译林》杂志可能面临关门，更不要谈后来成立译林出版社以及如今译林出版社的辉煌了。不过，最底层的担当要数李景端老先生。

李景端老社长与新闻出版总署历任署领导保持了深厚的友谊，包括宋木文、刘杲、于友先、杨牧之、邬书林、阎晓宏、吴尚之等老领导。在《我与译林》一书中，他除了叙述与外国文学翻译界所有名家的友谊外，还专门披露如何与领导共谋出版大事的经历。

20 世纪 70 年代末和 80 年代拨乱反正的转折时期，全国出现了一大批被历史耽搁、有文化情怀、持坚定理想的出版家，像李景端那样有远见、能担当的出版人，充盈在上至国家出版管理部门的领导，下至出版社领导的胸中。据宋木文记载，1977 年，王匡同志开始主持国家出版局工作，开启了给作者支付稿酬的制度；调动全国出版印刷力量重印 35 种中外文学名著；直接策划和领导了《鲁迅全集》的注评和出版工作。令人难以置信的是，当时国家缺纸，他请示多位领导同志，建议暂时动用领袖著作第五卷的印刷用纸。有的领导笑而不答，有的领导表示为难，最后经层层请示同意后，便动用这些纸张去印中外文学名著。

这批名著问世后，新华书店一时人满为患，大家争相购买。他对宋木文同志说，看到出版界的同志那么压抑，出版事业那么萧条，他宁愿再一次被打倒也要这样做。王匡同志的女儿在给宋木文同志的回信中说："父亲弄不好也是一个路线问题，再来一次'文化大革命'可是要被打倒的……在后人看来一切都很容易，可是对当事人来说真是迈一步也不容易，这是一场生死存亡、宠辱枯荣的考验。"①

2022 年 7 月，广东人民出版社社长肖风华来苏州参加江苏书展，向我讲述了广东著名老出版人岑桑先生的惊人胆识，令我惊赞万分。岑老在岭南出版界和文化界被万人尊崇，不仅是因为他作为作家有很大成就，更是因为他作为出版人拥有的智慧、胆识和坚定。

案例 ｜ 广东老一辈出版家岑桑的惊人胆识

20 世纪 80 年代初，广东人民出版社出版了上海女作家戴厚英的长篇小说《人啊，人！》，在广东乃至全国掀起了轩然大波。

党的十一届三中全会的胜利召开，拉开了中国改革开放的序幕。神州大地，春风骀荡，文艺领域，顿现生机。

---

① 宋木文：《亲历出版三十年——新时期出版纪事与思考》（上卷），北京：商务印书馆 2007 年版，第 47 页。

　　1979 年 10 月 30 日,岑桑参加全国第四次文代会。会议期间,同为广东省代表赴会的黄秋耘向岑桑透露:上海有一位女作家手上有一部名为《诗人之死》的长篇小说书稿,写的是她与在"文化大革命"期间自杀的著名诗人闻捷的恋爱悲剧,书稿已在上海某家出版社发排,但因故遇阻未能付印。黄秋耘向岑桑建议,可以请作者将书稿寄来广东,看看能不能在广东人民出版社出版。

　　岑桑从北京回广州后,旋即发电报给戴厚英,请她将书稿寄来一读。戴厚英回信告诉岑桑,《诗人之死》在上海某家出版社出版流程中遇阻之事,现在已有转机,但她的另一部长篇小说《人啊,人!》书稿即将杀青,如果广东人民出版社有意向,她愿意将书稿寄来。岑桑即时电请她把书稿寄来。不久,岑桑就收到了戴厚英挂号寄来的《人啊,人!》长篇小说书稿。

　　岑桑阅完书稿后,他为书稿深刻的思想性和灿然文采叫好,认为这是一部难得的佳作。为了检验自己对这部书稿判断准确与否,岑桑将书稿转请文艺编辑室的杜渐坤和杨亚基两位编辑初审,他们初审后对书稿都一致赞许。

　　《人啊,人!》的主题是讴歌人道主义的。人道主义是"四人帮"极"左"路线划定的"禁区"之一。当时"四人帮"虽已覆没,但在文艺领域中极"左"路线的严重影响还存在。因此,要出版《人啊,人!》这部小说,无疑要冒极大的政治风险。然而,岑桑觉得这部作品确实具有很高的艺术价值和很大的现实意义，不应遽尔放弃。

由于书稿还有需要与作者商量修改的地方，岑桑与初审该稿的两位编辑共同研究，列出了若干条书面修改意见，由杜渐坤和杨亚基飞往上海与作者商量。作者对修改意见没有提出异议，并表示马上着手修改。1980 年 7 月，作者携修改稿到广州作进一步修改润色。直到 8 月下旬，《人啊，人!》这部长篇小说才定稿。

岑桑深信，这部小说出版后将会受到广大读者的欢迎，并将会在中国当代文学史上占有一席之地，不能让它湮没。能让这样一部作品面世，自己即使冒风险，受责难，甚至招灾惹祸，也是值得的。

按照出版系统的有关规定，副总编辑具有书稿的终审签发权，此时岑桑身为广东人民出版社分管文艺编辑室的副总编，理所当然有签发权。

出于自己的安全考虑，岑桑本可把书稿送给自己的顶头上司审阅决定，由他承担责任。但岑桑考虑到顶头上司工作繁忙，日理万机，要他抽出一段时间审阅这么一部厚厚的书稿，不知等到何时何日；再加上顶头上司办事作风稳重，会考虑到方方面面，《人啊，人!》的作者又是有争议的人物，担心书稿在顶头上司那里过不了关。岑桑此时面临艰难的抉择——他想，若然为了保护渺小的自己,而让这部佳作遭到埋没,那我自己算是什么呢? 为了争时间,抢速度,避免夜长梦多,使《人啊,人!》在短时间内顺利出版,他要亲自做主,负起责任。他觉得在党的十一届三中全会和全国第四次文代会召开后的大好形势下,自己理应在这金鼓雷鸣的时刻做一些与时代的前进步伐合拍的实事。一种仿佛蓦然而生的使命感,促使他对出版这部作品做出了斩钉截铁的决定。

良知往往令人变得天真,从而置一己的荣辱安危于不顾。岑桑决审书稿后,立即将《人啊,人!》这部书稿作为特急件迅速发排,安排印刷厂和编校人员日夜加班,排版校对看样,并迅即签署付印。

不知何因走漏消息,戴厚英的《人啊,人!》即将在广东人民出版社出版的信息,很快在上海不胫而走,上海文艺界为之沸沸扬扬。

此时广东人民出版社上级的一位领导,正在上海出差,获悉上海文艺界有些人因为戴厚英要在广东出版《人啊,人!》而震怒,大有兴问罪之师之势。这位领导在上海办完公事,回到广东,连家也不回便到出版社立即把岑桑找来,以极其严厉的口吻责问岑桑:"《人啊,人!》到了哪个出版环节?"岑桑说:"书稿已经付印,即将出版。"这位领导立即要岑桑停止《人啊,人!》的出版流程。岑桑回称:"要停止出版流程也来不及了,书已经全部印了出来，装订基本完毕，准备出厂送货到新华书店。"

这位领导显出无奈的神情，严肃地对岑桑说："你闯祸了！你知道出版这本书将要付出多大代价吗？"岑桑镇定自若地回答："这方面，我早已做好思想准备。"

《人啊，人！》于1980年11月由广东人民出版社出版。书一出版，即受到读者们的热烈欢迎，尤其是中青年知识分子争相购读。初版10多万册很快便销售一空。正当这部小说热销之时，就受到来自各方的批判。先是在广州、上海，然后波及北京等大城市，这些大城市的重要报刊，连日出现了不少针对这本书的批判文章。文章有说理的，也有横来的，有的上纲上线，有的"杀气腾腾"。批判的文章一日比一日多，批判的势头一日比一日猛，一时风雨交加，形势十分严峻。

身处上海的戴厚英无疑在精神上受到极大的压力。她说的那部在上海某家出版社已有了出版转机的长篇小说《诗人之死》，又节外生枝，顿生波折，使她痛苦非常；她计划并已经开始写作的另一部作品《空中的足音》，也因此而根本无法写下去。

鉴于这种情况，岑桑为减轻戴厚英所受压力，邀请她来广州，给她安排了一个安静的地方，既让她缓解深受压抑的心情，又为她提供宜于写作的宽松环境。

这时候，正是各地尤其是粤沪两地批判《人啊，人！》火力最猛、作者受到压力最甚的时刻，也正是戴厚英最为困厄的时刻；

但她却同时收到了通过广东人民出版社转寄来的广大读者和热心人士的许许多多热情洋溢的信件，赞扬她、鼓励她、支持她。有一位读者在信中还真诚地邀请她到农村"避避风头"。这一封封的信件，款款的深情，令戴厚英感动万分。

戴厚英在广州的这段日子里，广东出版界和文艺界的不少热心朋友，衷心祝贺她作品的出版，对她所处的境遇深表同情，纷纷邀请她到家中做客。岑桑的一家更待她如同亲属，孩子们"戴姨"前"戴姨"后地称呼她，亲近他，逗她开心，使她感到十分欣慰。对于戴厚英来说，在这个充满温情的圈子之外，却是冰冷而带有敌意的一种氛围。两相比较，使她慨叹不已。

就在戴厚英感受广大读者和热心人士深深情谊、在精神上感到莫大慰藉的同时，批判《人啊，人!》的旋风越刮越烈。出版《人啊，人!》的广东人民出版社也感到重重压力，尤其是为这部"大逆不道"的小说大开绿灯的岑桑更加引人注目，成为集中批判攻击的对象。作为《人啊，人!》的产地并被戴厚英自称自己"后方"的广东，有关高层领导，当然也难免感受到来自各方的压力。

为了弄清出版《人啊，人!》的来龙去脉，中共广东省委宣传部于1981年秋的一天上午，通知岑桑到部办公室，要求他将出版《人啊，人!》的全部经过说清楚，检讨这部小说存在的问题，以便分清责任。

岑桑在省委宣传部把事情的整个过程如实做了报告,接着说出版这部作品是由他自己一手包办的,只有他自己是唯一的责任人。提到对《人啊,人!》一书是非的看法时,岑桑说:"《人啊,人!》是一个时代社会生活的忠实写照,吐露了一代知识分子群体的心声,在讴歌了人道情怀之美的同时也鞭笞了它的反面。这都是值得肯定的。我始终认为它是一部难得的好书。看不出它存在什么原则性的问题。"

省委宣传部的几位领导听完岑桑的汇报后,不但对岑桑的汇报没有给予任何责难,而且还有人称许岑桑态度磊落,这是岑桑始料不及的。

岑桑被通知到省委宣传部汇报之后两周左右,广东省作家协会召开了一次有分管文教的省委领导参加的理事会扩大会议,要求岑桑汇报出版《人啊,人!》的全部过程和检讨《人啊,人!》存在的问题。岑桑在这次会议上把自己先前在省委宣传部汇报的所有一切重复了一次。一些与会者在岑桑汇报后泛泛发了言。省委领导在会议结束时做了讲话,但对岑桑没有任何的批评责备,这也大大出乎岑桑的意料。

省里高层领导先后两次直接过问,却又没有给予任何责难,这该如何解释呢? 可见省委领导对这件事情采取的态度是冷静而慎重的。也许在他们看来,《人啊,人!》并不像有些人所说的那样"大逆不道"。

笔者后来通过广东有关部门的老领导得知,当时省委领导指示对这件事情要"冷处理"。这起曾经喧腾一时的文化事件这才逐渐风息波平。

之后的事实表明,《人啊,人!》毕竟是一部站得住脚的好作品。自从广东人民出版社出版以后,接着有花城出版社、安徽文艺出版社、人民文学出版社等多家出版社先后出版,多次再版、重印,深受广大读者的喜爱。

岑桑冒着极大的政治风险,置个人荣辱安危于不顾,坚持出版了《人啊,人!》,取得了"骤雨过后见彩虹"的效果。足以使我们看到岑桑非凡的智慧和胆识、勇于担当的精神、扶持新人的气度,以及强烈的责任心和高度的社会责任感。这就是著名作家、出版家岑桑所具有的特质。当人们多次谈起岑桑在这一文化事件中的出色表现时,无不交口称赞。因此,他赢得了广东文艺界和出版界人们的敬重。①

王匡、宋木文、刘杲,以及江苏的高斯、蒋迪安等,与岑桑等前辈出版家一起,构成了 20 世纪七八十年代中国出版界的一道道明亮光谱。

① 岑桑、陈海烈等著,慎海雄编:《当代岭南文化名家——岑桑》,广州:广东人民出版社 2016 年 10 月第 1 版。引用时有删减。

总编辑及其核心素质

在一般的工商企业中，不存在业务、行政两个不同的主要负责人。与社长一样，总编辑是单位的主要负责人之一，国家明确总编辑对出版社的内容生产负总责。与社长不同，国家对总编辑的职能和任职条件有相当明确的规定。

原国家新闻出版总署在 2011 年发布《关于进一步加强出版单位总编辑工作的意见》，对总编辑的重要性、岗位设置、任职条件和工作职责做出了十分细致的规定。

新闻出版总署关于进一步加强出版单位
总编辑工作的意见

省、自治区、直辖市新闻出版局，新疆生产建设兵团新闻出版局，解放军总政治部宣传部新闻出版局，中央和国家机关各部委、各民主党派、各人民团体新闻出版主管部门，各出版单位：

长期以来，总编辑岗位一直是我国出版单位管理体制中不可或缺的重要岗位。作为出版单位的主要负责人之一，总编辑在出版单位领导班子的集体领导下，负责出版导向、落实出版制度、保证出版物内容质量、培养编辑队伍等工作,在业务方面承担着主要责任,具有重要作用。

按照中央关于文化体制改革的总体要求,经营性出版单位将陆续完成转制任务,其今后的发展将面临许多新要求、新任务,但作为我国社会主义文化企业和内容生产企业,其意识形态属性不会改变。出版单位转制之后,出版单位的总编辑岗位不能缺失,其地位更加重要、责任更加重大,各出版单位应按董事长(社长)、总编辑、总经理依次配备主要干部。在新的形势下,进一步加强总编辑工作,把好出版物内容质量关,对于出版单位坚持正确的发展方向,对于社会主义文化的繁荣发展和国家文化软实力的提升,都具有十分重要的意义。根据《出版管理条例》等有关规定和《中共中央国务院关于深化文化体制改革的若干意见》有关精神,现就进一步加强出版单位总编辑工作提出以下意见:

一、总编辑岗位设置

1. 高度重视总编辑岗位的设置和总编辑工作。无论是转企改制后成为企业的出版单位还是继续实行事业体制的出版单位,均必须设置总编辑岗位。总编辑属行政职务,为出版单位第二责任人,负责业务工作的领导。中小型出版社可由符合总编辑任职条件的社长兼任总编辑,行使总编辑职责。

2. 在总编辑岗位之下,应根据出版规模设置专职或兼职副总编辑岗位,并设置相应的编辑业务部门,形成以总编辑为首的编辑业务工作体系,以保障总编辑领导下的编辑工作顺利开展。

二、总编辑任职条件

1. 政治立场坚定,坚持正确的出版方向,有强烈的事业心和责任感。

2. 具有出版专业副高级以上专业技术职务,具备对编辑出版业务把关和管理的能力,熟悉国家有关出版的法律、法规及相关政策。

3. 一般应具有5年以上编辑工作实践经验,3年以上出版单位副职领导工作经历。

4. 须经过新闻出版行政部门组织的岗位培训,取得岗位培训合格证书后持证上岗。

三、总编辑工作职责

1. 把握出版导向和出版方向,坚持以社会效益为最高准则,努力实现社会效益与经济效益的有机结合。

2. 负责组织制订并落实中长期选题规划、年度选题计划和出版计划;负责组织选题策划和产品研发,特别是加强具有原创性内容的选题策划和产品研发;组织选题的论证和审批;组织重点选题的立项工作。

3. 组织、指挥、协调出版物特别是重点出版物的组稿、编辑、校对、生产等工作,确保出版业务流程各环节畅通有序;负责组织实施新技术在出版业务中的运用,促进出版主业的科学发展和提升。

4. 负责出版物质量工作,实施出版物质量保障体系,落实出版物责任编辑制度和三审责任制度,组织制定并落实出版物质量管理办法,确保出版物质量。

5. 协助法定代表人进行经营管理工作,提出出版物营销方案建议,并且推动营销计划的实施。

6. 负责版权管理工作,受法定代表人的委托,代表出版单位与作者签订"约稿合同"及"出版合同",做好作者队伍建设工作。负责出版业务的对外交流与合作工作。

7. 负责出版单位编辑等出版专业技术人员的人力资源建设工作,指导出版专业技术人员的业务培训和考核工作。

8. 负责完成法定代表人授权、交办的其他工作任务。

国家主管部门之所以如此细致、明确地将总编辑的责任、职责、任职条件予以规定,是因为出版单位的特殊性。我国的出版单位是思想战线的主阵地,承担着为中华民族伟大复兴事业提供精神文化产品的重要责任。出版什么不出版什么、多出版什么少出版什么对社会影响至巨,绝不像一般工商企业。因此,作为出版单位的总编辑,除上述文件规定的坚定的政治方向、强烈的事业心责任感和较强的专业水平外，还应具备以下的核心素质。

对出版社专业的坚定守护

国家给各出版单位规定了比较明确的专业分工，是基于国家的中心工作需要和宏观出版方向，也基于各家单位申报出版单位时各主管主办单位的需求，更是基于申报单位现有的专业传统。长期以来，专业分工遭到了一定程度的轻视，综合性的出版单位也越来越多，特别是社会主义市场经济体制实行以来，出版单位实施市场化战略，以市场为导向，出版了一大批读者喜欢的图书，这种突破是对的。但如果说过去的专业分工是计划指令的要求，那现在我们主张的专业分工则是在充分竞争条件下形成的竞争优势的动力，也是竞争的必然结果。专业是本单位生产要素的综合反映，总编辑必须对本单位的竞争优势和专业特长有非常清醒的认识，牢牢坚守本单位的专业优势，绝不能将自己的专业强加给单位，特别是作为国有单位干部相互调动、由别的单位的总编辑调入本单位任总编辑的。

开阔的视野

总编辑只有自己一门或二门专业，而如我前文所述，即使是专业的出版社也有众多的细分专业。即使总编辑是哲学专业毕业，也不可能对中哲、西哲、马哲都熟悉；如果总编辑是化学专业毕业，也难以对科技出版社的农医工数都熟悉。所有的总编辑都是有限专业，必须做到一专多能、一专多晓。事实上，总编辑比一般编辑更具优势的应该是博而非专，因为总编辑要参与到内容生产全过程，精力有限，与专业研究人员相比有很大的差距，太专不太可能，也无必要。总编辑广泛涉猎，大致知道相关专业的动态和研究人员的情况是十分重要的。与作者和编辑能深入地进去、轻松地出来，这是总编辑必须具备的核心素质。

广泛的人际交往能力

在一般人看来，出版单位的产品非常单一，那就是书，就如同报纸每天就是几张对开的版面，其实不然。与一般工业、农业产品相比，出版是最不符合标准化生产的行为，每一本书都是一个新产品，都要接受读者和市场评判。一个中型出版单位每年出版几百个产品，大型出版单位每年出版一千种以上的产品，每个产品都要分析、研发、生产和传播，而这些产品绝不是坐在家里苦思冥想出来的，需要不停地与能创作作品的人打交道，与政府机关、社会团体、高校和科学院做深入的沟通和交流；图书编辑在生产过程中，需要总编辑协调编辑部、印务部、营销和发行以及经销商，向评论家宣讲，这些都是总编辑日常也是最重要的

作者与译林出版社总编辑袁楠(左一)拜访毕飞宇(中)

工作;同时总编辑还要培养新编辑,给编辑上课,要主持选题论证会。凡此种种,需要总编辑具有良好的沟通能力,特别需要较强的说明力与演讲力。编辑可以是寡言的人,因为毕竟以文字工作为主,而且文字也能与人交流,特别是引进国外较为成熟的作品或已进入公版领域的作品,与作者打交道不多或不需要与作者打交道,但总编辑这样不行。总编辑的职责决定了"讷于言而敏于行"不是其最优品质,他要清晰明了地说明自己的观点并与不同观点的编辑进行讨论甚至辩论。

细致扎实的文字功夫

所有编辑都必须有较好的文字功夫,总编辑尤其应该如此。申报的各种材料需要总编辑把关;一本书的书名以及在封面、封底、前后勒口、腰封上的每一个字都需要总编辑反复斟酌,因为作者对一本图书主要是从书名、内容提要、腰封上来了解的,等到对这些内容感兴趣后再深入目录和部分章节阅读,再决定是否掏钱购买。总编辑再忙,也要对本单位上百个产品的核心位置的文字过目,这当然需要极强的文字功底。除此之外,自己亲自或组织编辑和营销人员撰写文案进行图书推送,也需要较为高级的文字水平。在今日海量的读屏时代,不与时俱进地修炼自己的文字,试图用30年前的老套文法和枯燥文字来吸引今日聪明绝顶的读者,只能被读者打入冷宫——打入冷宫的不仅仅是总编辑的文章,可能还有一批批好书。

作为组织的出版社符合一切组织的共同运行规则,其领导力水平相当程度地决定了组织的发育程度、运行稳度和创新高度。举着"守正"的旗帜拒绝变革,无视变化的市场;喊着"奉献"精神的口号要求员工,无视他们个人对物质和成长的需求;面对有知识、有能力的优秀人才心胸狭隘、不予重用;遇到出现的失误不能容忍、动辄处罚……凡此种种,都不是优秀的社领导。至于社长与总编辑精诚团结、以社为重、坦诚相处,乃是一个出版单位的最低要求,不构成社长和总编辑的核心素质。

第七章

动力与生产机制：国有与民营

谈到组织，不能不研究组织的动力与生产机制，作为组织的出版单位也不例外。国有出版单位的动力与生产机制与民营公司有很大区别，相互借鉴彼此的长处和优势，有利于我国出版事业的繁荣与发展。但这只是理论上的可能，实践中操作很难。

有没有民营出版机构？

在法律上、理论上，是没有民营出版机构的，因为根据国家的《出版管理条例》，成立出版单位必须有明确的主办单位和主管部门批准。当然，什么样的单位才能成为主办单位和主管部门，未见法律法规和政策明确说明。按照字面解释，主办单位是投资出资单位，但一个轮胎制造公司或一个玻璃制造单位一般是不能投资申办出版社的，一所小学也不能申办一家出版社，一个街道的党群服务中心也不能申办一家出版社，尽管它们都有主办单位。到现在为止，还没有发现一个县处级单位作为主办单位申请成立一家科级乃至股级出版社的，一个非公有制公司作为主办单位申请成立的出版社目前还没有发现，有没有这些念头则不清楚。当然，可能有一部分民营公司不同形式地、面目含糊地变成了互联网出版公司，具有网络出版权，但其中都可能由国有出版单位持有一定的股权，并享有内容生产的一票否决权，如连尚文学申请网络文学出版权，江苏凤凰文艺出版社持有微量股份并拥有内容生产的一票否决权。当然,社会资本可能通过二级市场持有一些传统出版单位的股票,是出版单位的股东,但并非主办单位,在出版经营中也没有主导权。

但目前大量存在且声名显赫的公司,如新经典、果麦、读客、博集天卷、磨铁、蓝狮子、读库、志鸿教育、春雨教育等公司究竟是什么机构呢?它们与作者签订合同获得稿件,与经销商签订合同发行图书,好像事实上在从事"出版"工作。其实,这些机构并非出版机构,它们组到稿件、拿到稿件、完善稿件然后与出版单位合作,将"编辑出版"环节送到出版单位,出版单位将三审三校后的书稿退给这些"出版创意公司"或"文化工作室",根据双方合同由出版单位给印刷厂开具印刷委托书并签署印刷合同(当然条款是这些出版公司商订好的),图书印刷完毕,这些公司在拥有图书发行资质的情况下向渠道推送图书,进入它们最擅长的发行环节。在更多情况下,它们被称为"民营出版商"。

关于政策对这些"民营出版商"的态度,我们可以清晰地看出,迄今为止国家是支持和鼓励的。《财经》杂志认为,2009 年,新闻出版总署印发《关于进一步推进新闻出版体制改革的指导意见》的通知,将民营书企形容为"新兴出版力",将非公有制出版机构作为新闻出版产业的重要组成部分。这意味着民营书企得到了参与出版行业经营合法性的认可。2012 年,新闻出版总署制定了《关于支持民间资本参与出版经营活动的实施细则》,进一步将渠道向民资放开,并表示支持民间资本投资设立的文化企业，以选题策划、内容提供、项目合作、作为国有出版企业一个部门等方式，参与专业图书出版经营活动。①

同时，国家在2016年启动了关于图书制作单位和出版单位分离管理的试点，并确定江苏、北京等数个省份率先进行试点。其法律和政策依据，依照唐允的观点，是从2013年党的十八届三中全会开始的。2013年，党的十八届三中全会发布《中共中央关于全面深化改革若干重大问题的决定》，首次提出"在坚持出版权特许经营前提下，允许制作和出版分开"；2014年《深化新闻出版体制改革实施方案》进一步明确要"制定制作和出版分开的实施办法，在坚持出版权特许经营前提下，吸纳社会资本从事除出版以外的图书期刊前期制作和经营发行业务"；2015年9月中共中央办公厅、国务院办公厅印发《关于推动国有文化企业把社会效益放在首位、实现社会效益和经济效益相统一的指导意见》，在第四部分"推动企业做强做优做大"中再次强调"按规定已经转企的出版社"要在坚持出版权特许经营前提下，"探索制作和出版分开"②。

在实践层面，多个省份都强调本地国有出版单位与本地民营制作单位的合作，推动本地出版业的繁荣。上海市提出要"支持品牌民营出版机构落户，鼓励民营出版机构与上海国有出版

---

① 冯奕莹：《头部民营出版商何以悄然壮大？》，《财经》，2021年9月27日。
② 唐允：《图书制作和出版分开政策的实践与思考》，《现代出版》，2016年第6期。

单位深度合作"。"上海市新闻出版局局长徐炯认识到上海要建立出版新格局,必须引进新力量。他发现,目前上海活跃着很多民营工作室,利用上海资源策划制作图书,多与全国各地出版社合作出版;面向大众市场的畅销书,版权竞争近年来日趋激烈,民营机构因为在融资和营销方面能力突出,往往别具优势;民营机构看重出版品牌,因此与上海有合作基础,而这种合作恰恰能够帮助上海出版业丰富品类,特别是补强大众出版的薄弱环节。"①

上海的这种见识和做法,是反思上海多年来以国有出版为主要格局的结果,提出的战术举措非常具有针对性。

除了政策明确鼓励外,在实践层面,这些"民营出版商"也获得了国家各方面的支持,其中最重要的是资本市场。近年来,整个资本市场对"民营出版商"给予了重点关注,新经典、读客陆续登陆证券交易所,就是一个明证。当然,这些公司上市后也没有辜负各方面的期待,总体上也表现较好。

我们可以将出版的类型进行多方面的分类,有传统出版与现代出版的分类,有杂志出版与图书出版的分类,有国有出版与民营出版的分类,还可有教育出版与一般图书出版的分类。教育出版与一般图书出版的分类有相当重要的意义,因为这形成

---

① 施晨露:《上海:开放合作共赢 做大做强出版业》,《解放日报》,2017 年 12 月 17 日。

了中国图书的一个重要特征。在我国，教育出版的对象是学生，其中大学和大专学生所用图书基本以教材为主，基本被高等教育出版社与各大学出版社包揽，其他出版单位很难进入；而中小学生教材与幼儿读物是一个超大市场。这些学生用书一般包括两部分——教材与教学辅助读物。教材因为投资时间长，资格限定严，主要由国有出版单位出版发行；而教育辅助读物市场性强，发行量大，民营机构参与度高，是我国教育类图书的重要力量。

长处与短处

国有出版单位与"民营出版商"都是我国出版领域的重要力量，它们在动力来源与运行机制上有很大不同。

目标的远近

一般来说，健康的国有出版单位放眼长远，将出版视为远大的事业，不为一年一月谋。主办单位和主管单位，对出版的长远规划有自己的考量。它们是国家中长期出版规划的绝对主力，国家的五年规划一般都由国有出版单位来担当，而民营出版机构很少考虑国家的出版规划和战略规划，更看重在一至两年内图书的市场反应,尽管一至两年后它们仍然长期占领某个细分市场。这在一些大工程出版方面尤其明显。比如江苏人民出版社78卷的《南京大屠杀史料集》和近100卷的"抗日战争专题研究",商务印书馆"汉译世界学术名著丛书"、江苏人民出版社"海外中国研究丛书"和译林出版社"人文与社会译丛",都是跨越几十年的浩大工程,一般民营公司绝不涉猎,因为它们对几十年后的情况没有确切把握。

激励机制

国有出版单位的负责人与员工是国家工作人员,他们是出版单位的主人,却不是出版单位"所有权"人。因为出版单位是国家所有,他们出于理想信念工作,工作出色的领导和员工受到上级主办单位的认可、奖励和赏识,但他们千万不要误以为自己是企业的所有人,不要公私不分。鉴于干部使用规则,他们的业绩除本单位群众的认同外,还完全有赖于上级单位的确认。如果上级单位风清气正,按照国家"德才兼备、以德为先"的干部使用原则,个人努力的结果当然会得到认可;若上级主管部门特别是主要负责人是个任人唯亲而不任人唯贤的"糊涂蛋",出版社负责人就会怨言连连;若出版社领导本人作风不正,那么,所有一心为公的编辑的积极性和创造性就会受到严重挫伤。多年来,有优秀的出版社,也有很差的出版社,这些很差的出版社或多或少都有优秀人员因不被认同而纷纷离开、转向"民营出版商"的情况。"民营出版商"则不同，不但产权清晰，激励机制也清晰，"能者上、庸者下或去"的机制十分有效。负责人和员工知道为谁而干，动机明确，特别是大量"民营出版商"充分利用股权激励机制，将公司的私人所有制改为包括员工在内的股权多元制，极大地激励了优秀员工的创业动力。

不过，因为这些公司的企业文化和激励机制完全受制于企业所有者，员工很难改变企业文化。当一个唯利是图、没有情怀的民营公司负责人不能改变自己，优秀的员工只能抹抹眼泪选择离开，这非常能解释众多"民营出版商"的员工流动率高的状况。

新世纪以来，国有出版单位为了引进民营的机制和活力，民营单位为了获得资金和稳定的出版资源，一度出现多家国有、民营合作公司，成为一种重要现象，持续十余年之久。如凤凰联动、中南博集，但昙花一现。"2017年以来，一批竞争对手纷纷通过搭建员工持股平台，引进战略及财务投资人等方式优化股权结构，布局公开上市，资本助力后实施股权激励，拼抢核心人才、作者和版权资源，中南博集的市场竞争优势逐渐弱化。因此，公司转让中南博集部分股权，助力其资本化运作。"①

---

① 冯奕莹：《头部民营出版商何以悄然壮大？》，《财经》，2021年9月27日。

人才使用机制

与上述激励机制相关,除了产权问题外,人才的使用机制也大不相同。根据笔者的观察,国有出版单位"两头小中间大"的人才结构十分明显,即优秀人才集聚和平庸人员"鬼混"的情况长期共存,"忙人忙死、闲人闲死"的局面在大部分国有出版单位比较常见。如果没有高端人才,国有出版单位早已落魄;国有出版单位如果没有混日子的人,"民营出版商"早已没有生存空间。正负两种劳动力要素并行在国有出版单位。在民营出版单位混日子的人较少,但顶级人才似乎也不如国有出版单位多,其核心人才在于他们的企业领袖——他们企业的真正所有者。

"民营出版商"的核心竞争力在于其创业者或所有者。能够创办企业已经体现出他们具有的非凡勇气和能力。他们有的曾经是国有出版单位的能人,有的有志于实现自己的抱负,既为社会,又为证实自己的能力。绝大多数"民营出版商"的创业者或经营者都是胸怀天下、出类拔萃的优秀文化人。这些人构成民营"出版"的第一竞争力,他们的能力一般大大超过一般国有出版单位的负责人。如果国有出版单位的负责人是作为干部安置的选项,就更没法与这些民营公司负责人竞争了。

在机制上,民营公司唯才是举,因为负责人会珍惜人才,求贤若渴。天津凤凰空间文化传媒有限公司是凤凰出版传媒集团控股子公司的子公司,是国内优秀的建筑设计和园林创意的"出版商"。负责人孙学良告诉我,当他发现一位普通员工有极大志向,并有很好的创意时,他立即安排设立一个新的部门并让他担任部门负责人,与他签署每年 2000 万码洋的创收合同。该员工自信满满,很快完成了任务。在一般国有公司,即使在凤凰传媒这样"不拘一格降人才"的公司,所有的出版单位的下属部门是有数量规定的,出版社中层干部的任命是通过复杂的推举、考察和任命程序实现的,没有职数不能增设干部指标,没有复杂程序很难破格任命干部,即使社长有惊人的魄力,也往往在复杂的程序面前小心翼翼,不敢越雷池半步。

时间与效率

国有出版单位的决策时间长,程序复杂,从编辑发起到社委会决策,无论是一本书还是重大项目,需要重重论证,这样做的好处在于避免失误,社领导可以看到层层论证的结果,从正反两方面判断优劣长短。一旦形成决策,便由相关分管领导和部门落实推进。这样的决策程序在理论上是合理的,但因为很多好的项目或书稿都处于动态流通之中,不是唯一递送给本出版单位的选择,加上参与集体决策的人数有规定,领导也未必时时有空,往往有所耽搁;再者,国有出版单位的主要负责人因为经常轮换,新来的领导对各种业务判断和市场需求绝非短期内可以

作者（左二）与博集天卷掌门人黄隽青（左三）在池莉新书发布会上
左一为王述前，左四为马军

明晓，因为一时拿不定主意而延误决策的情况经常发生。反观"民营出版商"，因为企业主要领导一人便能决定，效率非常高。理论上讲，决策快慢各有优势，一个更稳健，一个更激进，说不上谁更有优势，但因为民营"出版商"的负责人经营的是自己的企业或与他人合伙的企业，他们是企业的终身拥有者，一辈子从事"出版"工作，拥有极其丰富的实战经验，而且经验越来越丰富，失误的判断很少。在这种情况，快速判断、简化决策程序便成了绝对的竞争优势。

与作者的关系

经过近 30 年的文化体制改革与发展，国有出版单位与"民营出版商"目前都拥有自己相对稳定的作者队伍，中国庞大的作者队伍分化成国有出版单位和"民营出版商"各自忠实的合作伙伴。从实际情况来看，绝大多数教辅图书的作者为"民营出版商"所吸引，这是因为教辅类图书市场发育相当成熟，竞争十分激烈，而市场总体有限，但凡竞争激烈的产品，民营公司都会竭尽全力地开发，其市场竞争力超过绝大多数国有出版单位；加上教辅产品同质化严重，数量巨大，作者不太看重自己的创作者地位，他们更多在乎发行之后获得的版税，而民营公司的政策灵活，主要负责人专业性强，这些往往吸引了大多数作者。

除了教辅类图书外，一般畅销书的作者往往也被民营公司所"俘获"。畅销书也是市场激烈竞争的产物，民营公司对市场的判断和赢得市场先机的能力强，它们会投入巨大的精力实现单品种的最大收益。他们会包装作者，吸引读者，获得市场。还有很多无名作者会被民营公司紧紧抓住，作为"写手"，改写或拼凑很多励志类图书大量上市。因为社会需求大，撰写此类图书的作者也从中大大获益。

绝大多数严肃学术出版物的作者不会将自己的重要著作交给民营公司出版，这不但在实践中可以发现，也可从逻辑上掌握。其中的理由不外乎如下五个方面：一是严肃的学术著作往往是国家重大项目，这些重大项目对出版单位有明确的要求——比如对承担国家社科基金项目出版的单位，国家即有明确的要求，这些单位都是规范严肃的出版社，在这方面不会与民营合作。二是这些有名有分量的作者很看重自己的声誉和作品出版单位，他们不很在乎作品的发行量，只在乎能否出版发行，事实上一些重要的著作发行量也不太大，而民营公司对于发行量不大的作品兴趣也不大。三是民营公司为了让发行量增大，会对作品进行大尺度的修改，或者为了博取眼球进行过分的宣传，很多严肃作者很难适应这种改动，有时甚至鄙视这种过度市场化的改动。四是优秀出版单位往往与优秀作者或优秀作者单位有长期深入的联系，长期经营着这些重要的学术平台，作者与编辑有长期的友谊。比如北京大学教授钱乘旦先生与江苏人民出版社；浙江大学教授、曾任北大和清华等校教授的刘东先生与凤凰出版传媒集团；南京大学教授张宪文先生与江苏人民出版社等等。出版社的编辑流动性不强，多年修炼，经验丰富，与作者关系深厚，民营公司编辑流动性强，形不成稳定的编辑队伍。五是很多重要的学术著作经年累月，时间漫长，出版社是铁打的机构，经得起十年磨剑。

不过，我们也经常发现一些严肃学术著作和严肃文学作品交由优秀民营公司去运作的，其原因也有两个。一是严肃文学作品，特别是名家名作的市场发行量大，只要是市场发行量大的作品，都可以见到民营公司的影子。更为猛烈的是，一些头部民营公司甚至可以将股权赠予头部作家，与作家在经济上同享出版发行利润，而这种制度在国有出版社会受到严厉禁止和无休止的追究。另外，还有很多发行量并不大但也是名家名作的作品交民营公司去运作，源于这些作品深入研究一些世界重大问题，比较敏感，很多国有出版单位见到"重大""敏感"的选题往往以避险为第一原则，而一些深怀文化情怀的民营公司负责人与作者形成了过去的"同怀"关系。或者，这些民营公司的核心人员来源于出版单位，眼光前沿，使命感强，与原来出版单位的一些老作者结下深厚友谊，使一些优秀作者"认人"而不认机构，这是第二个原因。

做书与卖书

做书与卖书是国有出版单位与"民营出版商"的最大区别。经过笔者多年的观察，如果不是说绝对准确，至少也是非常明显，那就是很多国有出版单位在编辑环节并不很差，但在发行环节与民营公司有一定的差距，这也是上文"与作者的关系"一节中所谈到的，一些优秀作者也会将自己的作品交民营公司运作的原因。

发行好，离不开好的营销。但不管发行还是营销，国有出版单位与民营公司产生的差距，原因大概在以下三个方面。

一是它们成立的背景不同。国有出版单位成立较早，脱胎于早期计划经济时代，计划经济的色彩虽然经过长期向市场经济的过渡与发展逐渐淡化，但一代代人还是将基因向后代传承。过去出版的目的在出版，将图书印制出来交给发行后，出版工作已经算结束，之后的回款并不太愁。在这种情况下，编辑长期形成了编辑完毕即出版完毕的观念。笔者曾在出版单位长期提倡编辑参与全程营销，但很多编辑并不理解甚至流露出反感情绪，表示编辑的任务是编书，发行的任务归发行，营销的任务归营销。他们甚至说："编辑又不是全能的。如果要我们参与营销与发行，那要营销与发行部门干吗？"民营公司在市场经济下成长，以卖书为重要任务。在民营公司看来，不能卖出去的书不是好书，也不是出版的目的。事实上，它们大多是早期优秀的发行商。

二是发行人员的素质不同。在早期甚至现在，很多国有出版单位的发行人员素质不高。相比而言，发行人员的文化水平与编辑有一定的差距，他们对自己出版社图书的理解不如编辑，甚至对自己出版社的图书产品根本不了解，更无法向经销商介绍图书，也有很多过去老的出版系统家属进入发行部门，作为出版集团对员工的"福利"安排。近十年来，随着考核加重，竞争激烈，出版单位普遍加大对营销发行的重视，对发行人员的进入考察、把关日趋严格，发行人员水平大幅提高，但毕竟原来的人员还在。民营公司的营销发行人员普遍水平较高，在单位内的水平不见得比编辑差。人员的强弱是国有出版单位与民营公司发行水平产生差距的重要原因，当然也有考核因素。

三是成本控制不同。图书卖得好不好，与图书内容紧密相关，但这绝对不意味着与渠道、定价和成本无关。恰恰相反，渠道、定价和成本控制在内容大差不差的情况下，直接决定了赢利情况与发行数量。在民营公司那里，甚至内容平平的图书发行也会出现奇迹，比如轰动一时的《正能量》一书。国有出版单位由于多方面的原因，其成本一定比民营公司高，要达到同样的利润水平，其图书定价就一定会比民营公司高，即使为了读者选择保持相对合理的定价，也会提高对经销商的发行折扣，这对其销售会带来很大的负面影响。另外，大量民营公司喜欢做公版书，减少其中版税的成本，并将这部分成本让折扣给经销商。而读者往往不从这方面考虑，从来没有意识到他买到的是一本原创新书还是公版旧书。对一批又一批读者而言,只要是未读过的好书都是新书。

2022 年当当网年中好书榜单——虚构畅销榜

排名	书名	策划出版/出版社
1	遥远的救世主	作家出版社
2	人生海海	新经典/北京十月文艺出版社
3	三体	四川科幻世界/重庆出版社
4	杀死一只知更鸟	译林出版社
5	白夜行	新经典/南海出版
6	小王子	果麦/天津人民出版社
7	文城	新经典/北京十月文艺出版社
8	解忧杂货店	新经典/南海出版公司
9	山茶文具店	博集天卷/湖南文艺出版社
10	房思琪的初恋乐园	磨铁/北京联合出版公司

2022 年当当网年中好书榜单——虚构新书榜

排名	书名	策划出版/出版社
1	生死疲劳	读客/浙江文艺出版社
2	如果历史是一群喵10·宋辽金夏篇	漫友文化/广东旅游出版社
3	望江南	浙江文艺出版社
4	青:陪安东尼度过漫长岁月5	湖南文艺出版社
5	鱼没有脚	磨铁/四川文艺出版社
6	透明的螺旋	新经典/南海出版公司
7	同名同姓受害者协会	读客/文汇出版社
8	戴建业·漫画世说新语	果麦/浙江文艺出版社
9	高能预警:尼尔·盖曼后背发凉短篇集	读客/江苏凤凰文艺出版社
10	莫言的奇奇怪怪故事集	读客/江苏凤凰文艺出版社

案例 ｜ "民营编辑"给集团编委会成员上课

2021 年 12 月 9 日下午,在凤凰传媒编委会例会上,江苏人民出版社学术图书出版中心的编辑马晓晓向凤凰传媒各位社长、总编辑、集团编委会成员分享了自己在读客工作期间的成功案例和心得体会。凤凰传媒总编辑徐海呼吁,在出版工作中,人人都是老师;各单位要更多地激励新人,让所有优秀新人都能"为师"。

首先,马晓晓简单介绍了读客公司的基本情况,从他们的整体设计理念和价值观入手,分析了主要业务部门的组织架构,包括有哪些产品线,重点产品线的重点产品以及每个业务部门的分工职能等。

其次,她以当初在读客建立艺术产品线时的选题策略为例,分享了选题策划方面的构思经验,例如通过线上线下的调研,收集数据进行分析等。这样对当年市场上关于艺术领域的畅销书、常销书、头部作者、有潜力的作者以及优秀的艺术出版机构等都有了大致的了解,在策划选题的时候也能更得心应手。

做书过程中,在学习了读客方法后,她总结了四个关键词:发生沟通,情绪波动,二次传播,资源融合。

情绪波动是需要给读者一个"刺激点",也就是读客说的"购买理由"。你可以让读者认同你,提供给他们一个价值,甚至让他们感到愤怒。但要注意,读者只会被打动,但很难被说服。

二次传播是因为一本书的新书期很短,过了新书期之后,就需要不断制造事件去叠加物料,进行二次传播,让书再一次出现在读者视野中。

资源融合就是对这本书所有能盘的资源做一个整合,包括借助作者的力量,开发衍生产品,做一些空间活动等。

最后,马晓晓将这些经验和心得,应用在了江苏人民社最近的新书——"海外中国研究丛书"精选版《北京的人力车夫》上。她和营销部、融合出版部以及编辑们共同努力,让这本书取得了不俗的成绩。

江苏人民出版社学术图书出版中心也开始布局自己部门的新媒体矩阵,建立自己的 IP 形象。目前有"思库"和"马提尼"两个"人设"。"思库"是他们学术图书出版中心的公号,更加垂直化,同时也衍生了 450 多人的社群。"马提尼"目前绑定思库公号,做视频号以及小红书,主要分享新书以及编辑部的一些小故事和小花絮。未来也会继续拓展摸索其他平台,并根据不同平台的调性和玩法,调整迭代自己的内容。

凤凰传媒总编辑徐海对马晓晓的分享给予了充分肯定,表示很有收获并深受启发:

第一,凤凰要"不拘一格降人才"。马晓晓最早在江苏人民社工作,后来到英国留学,学成归来后到读客公司工作,苏人社继续向她抛去橄榄枝。她本来就是专业人才,又在读客等民营出版文化企业工作过,人民社把她招回来很英明。他说,各社如果都有 10—20 个马晓晓这样深谙市场营销规律的优秀编辑,凤凰整体一定会飞得更高。

第二,凤凰各社应该让更多优秀的编辑给领导和同事们通过讲课、讲座等方式分享交流经验心得。分享交流是提高业务能力和生产效率的有效办法之一,两个人相互分享交流的效果,就是1+1大于2。马晓晓分享的很多细节技巧,可以理解和吸收应用。

第三,编委会成员都是经验十分丰富的出版人和企业管理者,但仍要保持虚心,不做经验主义者,努力倾听年轻编辑在市场前沿的最新心得体会和思考。编委会例会将继续不定期让具有民营出版公司工作经验的编辑来分享交流。像读客这样在一般图书市场取得优秀成绩的民营出版公司,他们应对市场的一些策略和举措值得大家深入研究和借鉴。

(选自"凤凰好书"公众号)

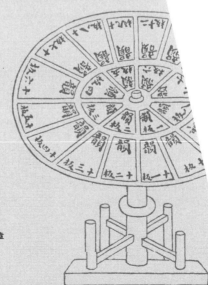

左图：古登堡印刷机的操作过程

右图：元代王祯发明的转轮排字盘

第三部分　经营的细节

第一章

营销与发行

　　图书如何营销？虽然在出版系统工作多年，但我在这方面的实践仍有很多短板。出版学和经济学、法学共通的地方在于它们都不是一个死学问，而是一个实践学问，必须把理论放在实践中检验。营销与发行是充满实践性的学问。

　　营销与发行并不等同，但仍有很多出版机构将发行部看作营销部，这是落伍也不科学的做法。发行与营销的共同点在于都具有很强的实践性，但区别也很大。最重要的区别在于营销需要对图书内容有精深的理解与掌握，是"说好书"；而发行在这方面需求并非如此强烈，关注的是"卖好书"。近几年有关宋朝的书销量很好，有关民国的书也曾经风靡一时，讲述民国名人生活的图书，在市场上受到一定程度的追捧。原因是什么呢？有志于做好营销工作的人，一定会思考这样的问题，而仅仅有志于做好发行工作的，则未必一定需要问这样的问题。在发行部门来看，所有的书都类似于符号。

　　关注营销工作的人，一定会十分看重图书的榜单，这是营销工作的一个重要方面。如果不看榜单，没法做好营销工作。营销员看榜单与编辑看榜单目的不一样。对编辑来说，通过看榜单可以知道什么书畅销以及为什么畅销，知道我们该做什么、怎么做；对于营销人员来说，通过看榜单，可以知道如何让我们认为好的书冲到各类榜单上去，这是非常重要的营销手段，也是重要的营销方法。

　　反复唠叨地说，出版是一门非常讲究实证的学问，需要进行实践的探究,营销工作尤其如此。对于营销员来说,哪些是必须掌握的规律,哪些传统做法已经过时,哪些可以为我所用等,都需要进行反复实践并总结。有人说"酒香不怕巷子深",又有人又说"酒香也怕巷子深",其实他们可能说的是同一个道理,只是这道理具有魔幻之处。

图书营销与品牌营销

营销的重要性不言而喻。理论上,出版营销与如何营销一本书是两回事。出版营销包括很多方面的内容,包括品牌营销、人物营销、编辑营销,这些都是营销的重要部分。

关于品牌营销,网上曾有一个帖子,说买什么书就要看出版社。爱书人一方面要到自己喜欢的出版社去逛逛,另一方面准备买具体一本书时又要看是哪家出版社出版的。理论上中华书局的书确实不会是差的;理论上商务印书馆的书不会是差的;理论上江苏凤凰少年儿童出版社的书是不会差的;理论上译林出版社出的书也不会差的……当然,也只是理论上的大概率。2021年底一套古籍校注的新书将一家顶尖的国字号老牌出版单位推到火山口,将我的好友、前后两位总经理弄得焦头烂额。商务印书馆、中华书局、上海古籍出版社、凤凰出版社都是专业性做得极好的单位,同样的图书一定比非专业的出版单位要做得更好，所以说出版社的品牌很重要。看中这个品牌，读者就认这个出版社出的书。

《出版人》杂志曾向我约稿，要写一篇关于《乌合之众》众多版本的比较分析文章。目前我收集的《乌合之众》有十个中文版本。我在镇江凤凰广场望山书局看到的第七个版本是浙江文艺出版社的版本，此前我已有了广西师范大学出版社、译林出版社、中央编译出版社、浙江文艺出版社、台海出版社的版本，最近又看到江苏凤凰科技版、江苏凤凰文艺版和江苏人民版等不同版本。读者比较认可一些一流出版社的版本，这就是品牌的重要性。但品牌社不能出差错，一旦出了差错，就会流失用户，砸自己的品牌。

但品牌有时候是误导。就出版《乌合之众》的10家出版社而言，中央编译出版社未必算是超级品牌名社，但这家出版社的版本目前卖得最好，已售数百万册，成为超级畅销学术图书，这是一种文化现象。中央编译出版社过去没有那么大的名气，出版品种不多，但它是中央编译局所属出版社，拥有水平非常高的翻译家队伍。译林出版社这本书也卖得不错。有别于中央编译社，后面附了一个历史上著名的政治学著作表，这是它的附加值。译林出版社有《乌合之众》，广西师范大学出版社也有《乌合之众》，卖得最好的却是品牌知名度或许不如它们的中央编译出版社。所以，只看出版社品牌也有一定的误区。但不管怎么说，品牌是一个重要的方面。

《乌合之众》的十个版本

营销与被营销

作者

作者是图书的第一营销主体。作者是作品的创作者，是内容的评判者，是产品的宣传者，也是与出版社发行总量利益相关的捆绑者。因此，出版单位应尽最大可能推动作者的自我营销。

出版有很多生产要素。作者为出版社提供了内容，是第一生产要素。尽管钱锺书说他如母鸡，《围城》如鸡蛋，既然鸡蛋好、《围城》好，那么就不用管他个人了。其实，鸡蛋好缘于鸡好，因为好鸡生好蛋。作者品牌十分重要，是第一品牌营销。文艺社最近在断断续续地推出新青年的小说，把一个个无名作者渐渐"营销"成有名的作家，使作者与出版社共成长，这是最持续的营销。出版社签约很多作者，特别是未成名但有潜力的作者，需要水平和预见性。一个被出版社孵化成长起来的作者，或处女作被其首发的作者，对出版社总是终生难忘。作者的口碑和作者对自己作品的推荐，便成为一个出版单位最大的营销资源。出版社因为"营销"作者而推动作者营销。

案例 | 作者校园行：苏美社与谷清平共成长

苏美社于 2015 年推出中国首部原创历史冒险儿童文学作品——"汤小团漫游中国历史"系列图书，七年来以每年更新一卷 8 本的速度出版，故事内容上启东周，下至明清，最终返回上古三代。至 2021 年初"汤小团"系列 7 卷 56 本完整集结，揽获"桂冠童书奖""凤凰十大好书""中国好书榜 Top100""苏版好书"等奖项。

除了 56 册主打品种以外，苏美社近年还推出多个系列的"汤小团"相关的衍生读物，以满足各年龄段小读者的阅读需求。目前已出版精装版 6 卷、注音版 5 卷、漫画版《成语中的历史》《国学中的历史》，上百个品种累计发行量达 1380 万册，销售码洋破 2.5 亿元。同时该系列繁体版图书由香港地区出版社出版后，在香港小朋友间也掀起了跟着汤小团学习历史的热潮。

在童书市场中，儿童文学是占比最大的细分板块。如何为当初的新锐童书作家打开一片市场？如何让当初的全新儿童文学系列图书快速获得普遍认可？出版社与作者的出版共识与整体营销显得尤为重要。

一、内容设计：创造性转化，讲好传统历史文化故事

近年来，在响应国家"大力推进文化建设，弘扬中华民族的传统文化"的号召下，文化历史类童书越发受到市场关注，但畅销品集中于名家名作。苏美社"汤小团"系列将青少年对儿童文学的阅读需求与历史知识的学习需求相结合,以冒险故事的方式正说历史。作者以母亲的写作初心、学者的阅读储备、编剧的巧思匠心,为广大小读者撰写了这部放心之书、扎实之书、有趣之书,受到老师、家长和小读者的喜爱。

基于以上共识,苏美社将"汤小团"作为一个长期项目进行精心打造,系列每卷新品种上市时,出版社都会在当年的大型书展上举办隆重的新书发布会,在书友聚集的盛会上官宣上市。七年磨一剑,久久为功创品牌。

二、营销突破:作家进校园,以点带面培育品牌

除线下发布之外,"作家进校园"活动也是走近小读者的一大亮点活动,也是儿童文学作品最直接、最有效的线下活动。七年间,作者谷清平老师以历史讲座为契机,带着"汤小团"系列图书走遍全国各地的校园。以四川为例:几年前新华文轩零售事业部试图深挖校园渠道,而苏美社也正在找寻"汤小团系列"线下可深入合作的渠道,双方一拍即合,四川进校园活动第一站就实现了"开门红",后来逐步在全省推进,活动流程还增设了赠书、提问互动、合影留念等环节。同时,新华文轩旗下门店全面铺货,促进二次销售,"汤小团系列"逐渐风靡四川。之后进校园活动扩展到江苏、广东、江西、浙江、云南、安徽、河北、山东等地,七年间累计举行了300多场进校园活动。

不论是新书发布会,还是作家进校园,作者的亲临与互动,让"汤小团"迅速被读者熟知且认可,口耳相传,大幅提升了市场认知度。在线下掀起历史阅读热潮的同时，收获无数"铁粉"，也为后续新书上市奠定强大的读者基础。

三、多措并举：线下线上联动，拉升销售稳占市场

丰富的线下活动聚集了大量忠诚读者，拓展了品牌影响力，而这些线下活动也为拉升线上销售做了铺垫。线上线下联动，"汤小团"实现了出版社与多家线上平台的共赢。

在与线上平台合作时，通过精细化的运营方式，让线上展示和线下传播形成良好的互动机制：苏美社积极为各大平台提供独家礼盒包装，共同宣传引流；平台则通过大量专题展示、促销手段，加大站内曝光度，并通过官方微博、微信等平台做站外宣传；紧扣每次阅读活动，作者亲自上阵直播，以名家效应促进销售转化；抓住每一个重大促销节点，根据不同活动特性及时更新产品卖点与促销手段。

四、IP运营：从畅销到长销，制造话题经营品牌实现长效

"汤小团"系列作为苏美社的头部少儿产品，全套结集出版之后，苏美社既努力推动该系列图书从畅销书到长销书的打造，又着力推进汤小团品牌化运营策略，以实现该 IP 的长期和整体效益。

2021 年 6 月，苏美社启动"首届汤小团杯征文大赛"，以阅读历史、写作历史为切入点，在全国范围内的小学生中掀起读写历史的热潮。从"读史"到"写史"，"汤小团"弘扬优秀传统历史文化的出版初心影响着全国的小读者，得到无数家长老师的认同与支持。在 2021 年 10 月举办的第三届凤凰作者年会上,"汤小团"作者谷清平女士荣获"金凤凰"奖章。2022 年推出汤小团后续品种"卷毛漫游世界历史"系列,以国际视野领读历史故事。之后苏美社还将为"汤小团"策划更丰富的活动形式,每年结集出版上届征文大赛的获奖文章,以出版形式固化品牌、传播品牌,持续提升"汤小团"的品牌影响力和知名度。

(江苏凤凰美术出版社　王林军)

一边是孵化,一边是垄断。"民营出版商"如新经典、读客、果麦、博集天卷、后浪、凤凰空间等公司,近二十年来成为中国图书市场的重要力量,他们对作者的市场培育有独到之处。他们通过签约、支付相对高昂的稿费,甚至于给可观的股权激励,集聚了大批作者,在文学出版领域尤为明显。国有出版社一般不太能这样做,有时候想这么做也不敢,因为国有出版单位往往难以承担因一两本书卖得不好造成的巨大亏损,风险很大。如果没有风险,大家都会竞相出高价抢书稿。正因为有风险且国有出版单位厌恶风险,所以他们运营作者的能力与机制都没有"民营出版商"强,因为任何编辑和社长都不是神人,不能保证本本投入巨资的图书有效益,他们存在今后突然出现的各类"回头看"中无法说清、即使能说清别人也不信的巨大心理阴影。

编辑

编辑可以是营销主体,也可以是营销客体。作为营销主体,其客体是图书;作为营销客体,与其所在的出版单位、所编辑的图书共同成为营销对象。

通过营销"编辑"来营销图书并不常见,但在顶尖的出版单位中,应该有一批能被营销的优秀编辑,经过他们之手的图书可以戴上光环。为钱锺书先生的众多著作出版做责任编辑的周振甫先生,已成为集自身学养功力与作者良好合作这两大优点于一身的名编辑。在宣传周振甫先生的同时,自然营销了他编辑的图书。曾在西蒙·舒斯特、后跳到克瑙夫出版社的名编辑罗伯特·戈特利布名扬天下,很多名作者都会跟着名编辑走,包括多丽丝·莱辛、美国前总统克林顿等。带着这么耀眼的光环,自然有优秀的作者听他召唤,将作秀的作品交他操刀。

再比如凤凰集团的口腔医学编辑樊明,原来是南京市口腔医院的医生。在江苏凤凰科学技术出版社的时候,策划出版了很多牙科方面的图书。如果想卖苏科社牙科方面的书,除了就书卖书外,还可以营销"樊明",把他营销成全国知名的医学编辑、牙科编辑。出版社不会只刻板地专门宣传他编辑的书,而是通过介绍樊明的成长之路,比如樊明在口腔医院是如何生活、工作的,樊明教你如何护牙,樊明妻子爱上樊明是因为看到他有一口洁白的牙,然后希望自己以后全家都有一口洁白、整齐、健康的牙……要持续地营销他,把他的编辑形象营销得全国知名后,再缓缓抛出话题:樊明最近在忙什么? 这时候他编辑的书就可以出场了。

所以"编辑"营销也很重要。为什么演员长年累月地营销自己? 因为他(她)要保持一定的知名度和新鲜度。如果演员长期不被媒体关注,就很容易过保质期,很容易被遗忘。我们经常听说某个艺人离婚了,最近又发现他或她有了绯闻……出现这些乱七八糟的新闻大多为了营销,他们往往是某个公司的签约演员或者签约歌手。如果没有这些故事,他们便不能保持足够的新鲜度和关注度,市场价格就走低。他们有时候是营销自己,有时候是被制片人营销。不过,这些负面的营销有时候令人反感。"编辑"营销、"作者"营销,出版社品牌营销都是出版营销的一个重要方面,但一定不能像演艺界那样有很多"负面营销",而应像樊明那样作为一名优秀编辑的正面营销。

除了营销"编辑",更重要的是编辑营销,此时编辑是营销主体。单就一本书的营销而言,编辑是很重要的营销人。

我做过编辑,曾经是凤凰集团最勤奋的营销编辑之一。全国很多经销商、出版同行认识我,不是因为我本领强、水平高,也不是因为我作为编辑改稿能力强、策划能力强(喜欢策划但策划能力不强),而是因为我是一个非常喜欢做营销的编辑,喜欢将好书的内容散布出去。将书的内容装进读者的大脑是编辑最大的乐事,甚至超过从读者的口袋里"掏"钱的快乐。

我在江苏人民出版社工作时,总是从各种角度疯狂地、着魔似的营销我们出版社的图书。我睡觉也在想,上街也在想,社会上发生的任何一件事都会使我想起与我们出版社某本书之间的关联。编辑如果真心喜欢自己的图书,在营销自己图书的时候一定会达到痴迷和疯狂的程度。如果还没有达到痴迷和疯狂的程度,他一定不是在百分之百地营销。编辑营销的对象主要是广大社会人士,当然也包括经销商,但总体上是社会上的各类读者。经销商的营销则主要由发行人员发动。

发行员

发行员是重要的营销主体,负责向图书经销商营销。传统的营销套路仅仅是发行部发行人员的营销。发行是一件非常有趣的事情,我经常与发行员一起到处做营销。我喜欢发行,经常去拜访我们的经销商。当年在出版社,我要求工作人员每天把新入库的图书发到工作群里,以便大家知道最近出版的新书。小出版社一年出六七十本书,中等出版社一年出两三百本书,大出版社一年出几千本书,发行人员要了如指掌,烂熟于胸。离开苏人社多年之后,只要发行人员和我在一起,我便开始问过去的某某书发了多少、哪些书版权还在、哪些书有没有改版重印。当他们对答如流,我就十分高兴;当他们还不如我了解时,我对他

（她）的好感就会急剧下降。当我离开出版社到凤凰传媒工作后，也全力了解各出版社的新书，通过凤凰书苑发布凤凰每周新书。见了社长和总编辑，我也会问他们的某本书的发行情况。他们如果支支吾吾答不出，我则面无表情；当他们脱口而出，我就喜笑颜开——不管发行得好不好，我都会满脸堆笑，不是因为发行量而是因为他们了如指掌、尽心尽职。

深入了解这些书的出版动态，并通过发行了解渠道畅阻情况，便可知道本版图书受欢迎的程度，然后将这些重要信息反馈给出版社的营销部门和决策部门。在一些规模较小、出版数量较少的单位，发行员甚至全年乃至多年都在营销一本书。向图书经销商营销，第一主体是发行员，第二营销主体才是编辑。目前，仍有很多出版社没有专职的营销编辑，仍然把营销当成是发行部的工作，虽然不适应现代日益变化了的营销专业化的新格局，但也说明传统发行员营销的重要性。

社长和总编辑

社长和总编辑在全员营销中居于非常重要的核心地位。目前，很少有社长、总编专心投入到营销工作中去，即使去做，也无非是转转单位的公号，甚至连单位的公号都不转。作为高层的社长和总编辑，做营销力度会很大，对出版社营销的带动力非常强，原因在于社长、总编辑具有较高的社会影响力和知名度。同样是处级干部,受"讷于言而敏于行"儒家思想影响和故作深沉、"假模假式"官场"坏"风气影响,在党政机关的处级干部一般不追求社会影响,但在出版社这样的商业单位,社长与总编辑既要"敏于行"也要"敏于言"。正因为社领导是有身份的人,更应该用言行去表达,在媒体上和公开场合推广阅读,宣传自己的图书,全力做营销。

必须十分注意,社长、总编辑营销有别于一般工作人员营销的地方在于营销过程要特别诚实。出版社出版的图书不可能本本都是好书。我有一个原则,就是从不推荐我没有看过的书,即使是所有人都认为好的书。我不会丧失信用,否则会导致别人的不信任。社长和总编辑营销应该反复注意这一点。唯其如此,当他们在各种场合疯狂地宣传本社图书时,只要他们信誓旦旦地认为是好书,就会让别人信任,因为他们是用信用在营销。

我几乎是竭尽全力地参加江苏省内的大部分全民阅读的推广活动,因为我想我们中国读书的人越来越多,社会才会进步,文明程度才会高,才能实现现代化。如果读书的人越来越少,未来全社会每人都只看娱乐短视频,这个国家的未来一定令人担忧。只要我出差坐高铁,便走遍所有车厢,清点所有正在读书的人的数量。每一次出差回来坐高铁,都是我读书和阅读调查的最佳时间。有一次从北京回南京,坐在我边上的一个乘客从上高铁到下高铁都看短视频——大概看了不下百条,边看边咯吱咯吱从头笑到尾,我简直不堪其扰。他获得了什么呢?我认为他什么有益的知识也没有获得,但是,他得到了无比快乐的这段时光——这也非常重要,尽管是以我的不快乐为代价的。

四个营销主体体现了一个简单但重要的理念——全员营销。从主体来看,编辑向读者和社会营销,发行员向图书经销商营销,社长和总编辑向更高层次营销,所有主体能动发挥,这样的营销才会成功。

向谁营销

发行部向图书经销商营销

这是最基本的营销,但不一定每个人都做得好。我们过去单位的发行部基本上是收发室——收货、发货与收款这三件事,远远没有做到营销人的角色。但实际情况是,如果把编辑派到发行部去工作,他们会哭着认为自己"大材小用"。编辑文化水平相对较高,接触作者多,误以为自己的优秀程度超过发行,实则大谬不然。很多出版单位发行部门人员的营销水平不高,因为他们不懂图书。如果他们有很优秀的营销人才,我就非常愿意和他们出差,一上车我们便讨论书,遇到客户我们一起向他们介绍书。多年来,我和他们跑遍江苏凤凰新华各市县店、杭州晓风书店、南京先锋书店、大众书局、上海钟书阁、季风书店、北京万圣书园、南昌青苑书店、深圳书城、广购书城、广东省店、当当书城、上海新华、北京人天等书店。我特别喜欢去读书人开的书店，向书店老总取经、推荐图书，交流销售和读书体会。那些历经万难、持续经营书店的老板都是真正的读书人，都是深度思考者。

从读书人到思考者，再到思想者，最后到思想家，他们对知识理性的把握累进递增。我经常跟出版社同事讲，要做思考思想者，因为我们不是思想者，远远达不到思想者的境界，只能思考思想者是如何思想的。很多书店的老总不仅仅是一般的读书人，甚至是相当深度的思想者。北大边上的万圣书园的老总是深度思想者；先锋书店的老总是先行者，也是思想者，他执着地传播他的经营理念，不断在各个地方开拓经营，十分不易，我很敬佩。大众书局、晓风书屋、南昌青苑书店也不错。如今，当我看到很好的书店，总是在心中表示崇高的敬意。我们很多国有出版企业的干部，远远没有达到思想者的程度，甚至很难做成一个思考者。我喜欢发行，并通过发行认识那么多优秀的书店老总。前文说过，世界上有两件最有意义也是最有趣的事，一件是把别人的钱装到自己的口袋里，一件是把自己的思想塞进别人的脑袋里。而发行员就是在做这样有趣而又有意义的事。书店经销员卖的不是书，而是知识和思想。

2022年6月,作者在无锡市新华书店学习。无锡市店门店业绩很好,黄茗馨总经理(左三)、周志远副总经理(左一)一批人尽心尽职,奉行读者至上的理念,精心进货,细心上架,创新阅读推广模式,帮助大型企业开设图书馆,令人感动和兴奋

编辑对发行部的营销

怎么让发行员把书中的思想塞进别人大脑里？需要编辑部的编辑不断向发行部营销。这个工作很多单位在做，也是编辑的基本工作之一。

营销人员向媒体宣发

营销很重要的方法是运用媒体把好书内容推广出去，结识一批优秀的媒体人。这些优秀的媒体人因为面向更多的出版单位，信息量更大，加上妙笔生花，一直都是出版社的朋友。目前，传统媒体的力量在衰微，营销人员必须与转型成功的老媒体以及全新生长的新媒体合作。

向领导营销

社领导接触的人层次较高，一定要珍惜并充分利用好这个独特地位。我在做出版社社长时，会经常把书寄给省委宣传部领导，或送书到省委办公厅，让秘书们把这些好书送省领导。同时我会附上一封信，告诉收书人为什么给他寄这封信、寄这本书。有时候我也会寄给其他有关部门或地方领导。对于理论类读物、主题读物，对于各地人民出版社，向领导的营销尤其重要。社领导营销是更高层次的营销。浙江人民出版社社长叶国斌在这方面做得相当出色，他会把他们出版的所有好书向他的领导和各地市领导不遗余力地推荐。

社群营销

前四种传统营销关系的主客方互动，形成了营销的互动点线。线越多，形成的面越大，进而形成社群。我们的目标不只是这个社群，这数个社群仅仅是更庞大社群的 BT 种子，他们因读到好书而快乐，进而向更大不特定的社群继续传播。传播效果取决于我们播出的第一粒种子。营销最后和最好的结果是大量、不特定的群体知道我们的产品，这便会成功；如果忙来忙去，影响还是在特定的营销群体，就不算太成功。最佳效果是由特定群体转化为无间断的、不特定的社群，进而产生乘数效应，这便从根本上解决了向谁营销的最大难题。

营销的过程

营销的过程虽然很简单，但有技巧。品牌营销、"作者"营销与具体图书营销有些不同。品牌营销需要持续不断，"作者"营销在作者没有作品时也要营销,如同歌手不断地营销自己,尽管他还没有新歌上市。

《老杆子》是我策划的一本通俗小说,具有很强的地域性,发行比较成功,也是我全身心投入营销的一本书。这本书稿我读得非常愉快,一拿到手,我的心就被紧紧拽住了。

案例 ｜《老杆子》的全过程营销

《老杆子》这本书的营销可称为"全过程营销",非常到位。按照时间来说,发出第一张营销图是2018年8月21日(这本书是9月8日上市的)。8月21日这一天,我在微信朋友圈发了一段文字,传播量比较大。文字内容是"有个朋友要我给他题字,我没有带毛笔,用硬笔写了几幅,请大家看看哪幅最好,可以送他"。"老杆子"三个字,都是我手写的。我就在慢慢地做铺垫。"老杆子"这个词在南京是比较好玩的概念。我这个时候写"老杆子",很多人一定觉得既有趣又奇怪:徐海怎么给别人题词"老杆子"? 最后书名就是用我写的字。我用"老杆子"这个词反复灌输我的朋友圈,我的朋友圈有几千人,慢慢地让他们感到有个"老杆子"的话题,觉得好玩。

8月22日,图书已经准备上市了,同事在北京国际图书博览会组织第一场喜马拉雅跟凤凰集团的对谈直播,让我在里面谈。这个时候窗户纸可以捅开了,书虽然还没上市,但时机已经成熟。于是上了活动预告,我在直播间大谈这本书。

8 月 23 日,我提到"老杆子回到南京",处处都在暗示"我自己是老杆子"。8 月 25 日书还没出来,但我在朋友圈继续研讨这个话题,保持热度。

25 号赶回南京,我的朋友圈层层加深了对这本书的悬念。我们总编办副主任是个比较严谨的女同志,文字和编校能力在凤凰集团突出,我于是将封底、封面、勒口文字发她审核。当我将封底校对稿发朋友圈时,悬念更大了。

又过了两天,我在朋友圈发文带上了"重要通知"的配图:"南京电视台 18 频道超级主持人老吴将在电视台讲《老杆子》。"我们找到了代言人——南京电视台老吴,他的影响力很大。我的微信朋友圈已经被我一步一步地拉到这样的情境中去,大家很好奇这究竟是怎样一本书。这时候小说就受到了大量关注,并在各大书店预售。我们收到很多评论,有很多跟帖,表示要买一本《老杆子》看看。不仅仅是南京人,很多曾在南京生活过的人、包括分配到外地的我的大学同学,都在转发我的话题。他们的兴趣被完全调动起来。

老吴在十八频道的那段视频《老吴韶韶》播出后,在南京市民中引发关注。我在朋友圈发了"致歉声明"四个字,再次调动别人兴趣。声明如下:

　　《老杆子》出版后,我收到近百位朋友求书信息,本单位员工也收到大量的索书请求。本单位 100 多人，集团也有几百人，如果每个人都要一两本，那么首批印数就没了，读者也买不到。我们禁止单位员工送书，也得罪了很多朋友，非常内疚。

我不断地推广。8 月 28 日到 8 月 31 日，隔一两天就有消息。吃饭时遇到很多老朋友，隔壁桌有一批膀阔腰圆的朋友也跟我要《老杆子》。

9 月 2 日在南京新华书店开发布会，来了很多标准的南京老杆子。我穿上"老杆子"的衣服，也有很多人穿着"老杆子"文化衫。书刚上市，他们都还不知道书的内容。还不到对书的内容进行营销的时候。等到第一批书销出去之后，开始进入内容的深度营销。

9 月 3 日下午开始进行内容营销。"城门城门几丈高？三十六丈高；骑花马，带把刀，走你家城门抄一抄，问你是吃橘子还是吃香蕉。"这是南京的童谣，我们为童谣配的图都很有趣，人物惟妙惟肖，南京风俗跃然纸上。

书很快就修订重印了。9 月 4 日才第一次印刷，上市几天就重印了。修订重印这个概念也可以营销。来稿时、印刷前、上架后、重印时，每个点都可以营销。为什么重印能勾起大家的兴趣？我写道："修订重印，因为有人对南京话的写法不认同。首版珍贵，买到的人是福气。"其实这个时候，第一版还没有完全卖完,但是我确实在准备重印。大家看我说"买到第一版的人有福气"就问为什么,我告诉他们,有些南京话表述不雅,出版后受到有些人的批评。以后大家看到的第二版是绝对干净的语言。于是大家拼命地买第一版。

我们很快把第一版卖完。第一版是我当的责任编辑,又因为太忙,所以几个人一起看、一起改。大家注意到这里面有些不合适的描写,我就大量地删改。

我抓住每一个机会在营销,很多人说那个时候我处于疯狂状态。是的,那是因为我喜欢这本书。我在前文说过,如果营销不全身心投入,便做不好营销。我只要看到一件小事,一个怪人,就想起《老杆子》这本书。我认为这本书在我手上一定会卖好。

9月7日我在微信朋友圈上写道:"我的窗户遥控器坏了,请单位收发室小李换电池,发现他在偷偷看《老杆子》并大笑。我吃了一惊。以前我从来没有看见他读我们出版的任何一本书。"事实上,我去的时候他偷偷地、悄悄地把书盖上,帮我换电池。通过这件事我换了个角度再来营销。

我开始营销封面,通过介绍封面来让别人觉得很有趣。我把封面来由说了一遍。封面故事是可以做营销点的。在《马背上的朝廷》《国之枭雄:曹操传》出版前,我都会在网上让别人选封面。选封面就是参与过程,是第一次营销。

《老杆子》第一版没有腰封,第二版加了腰封,上面写道:

"奇人奇城奇故事"以及"南京18频道老吴强烈推荐"。这本书大概卖了1万册。此间,作者王晓华多次被邀请到相关单位做新书分享。

或许有人会问:你这么拼命地卖,能赚多少钱?这个书一两个月的时间赚了不到十万元。我跟作者王晓华说可能会亏钱,因为全是南京方言和南京人物故事,外地人可能没感觉。王晓华说没事,愿意给多少钱就给多少钱。我们最初付了他一笔稿费,我跟他说如果卖到4000册以上就开始给他计版税。后来卖了1万册,他也很高兴。

这本书仅仅在南京地区就卖了大概8000到9000册。南京人买了很多书,归国华侨托人带,南京亲戚到国外也带去送礼,一买就是二三十本。2018年初,原董事长张建康带我们到意大利出访,认识了中国驻意大利使馆负责文化工作的南京老乡许蓉。我把书的相关信息发给她,她在北京的南京老乡群里广泛发布这个消息。不少外地来南京的人也买,跟南京有关联的人也会买。

营销成功与否,不是说能卖多少,而是应该买它的人是否都买了、想买它的人是否都买到了,这是一个重要标志。我认为这本书的营销非常成功,也是全流程营销的典型案例。

《老杆子》新书分享会

营销过程中有很多细节。我曾给江苏省新华书店的二三十个营业员上了一堂关于如何"上架"的专题课。上架是一件很有意思也非常重要的事。凤凰空间的孙学良老总曾和我说，江苏人民社在网店上架的所有页面中，缺一张营销招贴画。我比较他们和我们的网店图书页面，发现果然如此。图书上架包括在虚拟空间的上架和在实体书店的上架。何时上架，怎么上架，怎么置首页，怎样放到默认搜索，怎么在京东、当当、淘宝显示你的图书，这些都非常重要。仅仅是上实体书店的架，就有很多东西可以研究。

营销要十分注意与时间点的结合，注意抓住每一个时刻。我策划的《我们深圳40年》2018年8月第一次印刷，一个月就两次印刷，现在在售的是第三次印刷版本，每一个节点我们都在营销。《南大往事》也是我策划出版的，在每年的三个时间点我都不停地宣传。2018年9月10日教师节，我用《南大往事》的内容讲述了南大一批教师的道德操守。我写道："如何为师，可以从书中学到；如何为学，可以从书中学到；如何为人，可以从本书中看到。"每次写这些宣传语，我都字斟句酌，提高它的可读性。在下一个教师节，我又写道："书里没有别的，只有风骨。"每年5月20日是南京大学校庆日，到这个时节，我就会推荐书中内容，比如在微信公众号上发文《鸡鸣风雨！鸡鸣寺里的南京大学教授》。在每年的毕业季，我还会在公号上写回忆我南大岁月的文章，又附带了这本书。我几乎不错过任何一个时间节点去营销

2018年秋,作者在苏人社与凤凰集团社店挂职干部交流发行中的上架细节

我的图书,这就是全过程的用心营销。当时除我之外,出版社没有一个人是这么做的。

全新营销：直播与带货

一般来说,活动、新闻、消息都属于传统的营销套路。活动有新书发布会、出版研讨会、作者签售会、作者讲座等;新闻和消息利用传统媒体发布,现在又有了包括短视频营销、直播带货等新媒体营销。我和凤凰传媒余江涛总经理经常写公号,都在公号里带货,阅读量都不太小。

要特别注意借助新媒体营销。新媒体包括各种公号、抖音、知乎、小红书、微博等。江苏凤凰教育出版社出版了一套《神奇的数学》,营销做得好,销售也很成功。凤凰集团近些年每年召开新媒体营销经验分享会,通过这个活动大大提升了对营销手段综合运用的水平。

各种新媒体平台有不同的受众,要根据不同对象选择不同的平台,针对性地选择受众。新媒体层出不穷,你方唱罢我登场。2022年夏天爆火的东方甄选,是新东方旗下的直播号,直播带货人董宇辉为多个出版单位带货,造成多个品种秒空,清空了一批图书存货,一时来不及印刷,成为整个7月全国出版人中最火热的话题。董宇辉7月2日为江苏凤凰科技出版社《BBC科普三部曲》带货,十几分钟就卖断货了,一万套(一套 139 元),苏科社再怎么紧急加印也来不及供货。董在网上妙语连珠,打开书中最美的一张地球图,"世界上不只有一种美,不要用自己的美定义所有美,不要用自己的对定义别人的对;只有一种美就不是美,只有一种对就没有对……我讲得也不一定对,你可以批评我……"几句话脱口而出,让人觉得可信。

网络直播的成功在于平台、在于带货人、在于书本身。对用户而言,书本身好不好是不知道的,因为他们还没有买到书。他们相信直播平台和带货人,这是平台和带货人的信用,否则会砸平台和带货人的招牌;对平台和带货人而言,出版社和书是重要的,这是出版社和书的信用。平台和带货人会看书、评书、判断书,否则会砸自己的招牌。平台与出版社,书与带货人,形成了信用联合体。

出版单位要在第三方平台和自有平台、专业主播与非专业主播之间进行平衡和测算,哪一种更合算。第三方平台和专业主播抽成多、成本高但带货量大,自有平台和本社非专业主播无成本、折扣好但带货量小。

案例 | **非专业主播,实现单场带货 700 单**
—— 我的半天直播生涯

虽说只有半天直播,但为了这个半天我们可准备得太久了。

为什么要自己直播?

我们译林社的抖音号注册的时间算比较早的,大概是 2018 年,从今日头条自动迁移了 2.6 万粉丝过来,很长时间内都没有进行过直播带货。当我们开始找达人带货的时候,才发现我们有新手店铺的限制,每天订单量超过 1000 个就会被限流,这就直接影响了我们和一些大号合作。怎么办呢?只有靠自己了。没有专业的主播,我们自己上!

摸着石头过河,见招拆招,实现从 0 到 1 的突破

于是我们开始设计自播。第一场的抖音直播时间原本定在了"520 告白日",但我转念一想,520 大家都在直播,我们的流量不容易集中,何不把时间定在 5 月 21 日?"521"还有一个很好的谐音"我爱译",不就是我爱译林嘛,还可以在粉丝面前卖个萌。我搜刮聚拢了社里所有文创、特装、毛边、签名本,设计了特价免单等等,加上后台中控的小伙伴,在社里的样书室热热闹闹地开展了我们的直播。手忙脚乱的一晚,DOU+(抖音广告)也没有投上去。这个晚上,我们抖店完成了 300 多单,此时离我们解除新手店铺的限制还有 3000 多单的差距。有种万里长征才第一步的感觉。

此后我们就开始不定期安排自播,江苏书展播了四小时,济南书展播了四小时,也持续和刘媛媛、樊登这些大号合作,在 7 月的时候抖音店铺粉丝激增,我们也进入了新榜出版机构榜单的前十。经过两个多月的多方努力,我们成功达到了 4000 订单总量,解除了新手店铺限制。

前端拉流量,后方有保障

与此同时,我们也在悄悄进行一个不大不小的工程,就是我们自营店铺仓库的建设。此前我们自营店铺的发货不太规范,外包仓库帮我们代理了一部分,特殊版本都从办公室发。因为没有上电商管理系统,还会出现有了销售数字却找不到书的情况,又去从样书室或者编辑那里借书发,每天都有点凌乱。

所幸在社领导的支持下,我们上半年就开始寻址建仓。经过多方考察和沟通,我们最后选择了栖霞东杨坊的邮政总仓。为什么选择这里? 其实最主要的是距离主城和我们的新港大仓都不远,调人过去帮忙以及调货都比较方便。选用了邮政物流,直接进总仓分发,减少周转降低货损;覆盖面广,再偏远的地方都能够到达。

环环相扣,团队作战,细节决定增值,实现 1＋1＞2

其实我最初的设想,是在自营库房搬迁的时候做一次类似清仓的直播,比较有噱头。但考虑到各项需要配合的事情不一定能协调好,发货效率也不高,所以还是定在了我们的新仓直播。选择了一个传统节日七夕节(8 月 14 日),一个有着相守相伴寓意的时间。书友群里的读者对我们的直播都是翘首以盼,前期我们在各个群内发布了海报(不确切统计,可能有 20 多个我们自己管理的书友群),直播前一天发布抖音视频做了预热,当天做了 Dou＋投放。

8月份我们的好书还是比较多的,有波兰科幻泰斗莱姆的新作出版,有百年纪念版《尤利西斯》,有《中世纪之美》特装本的预售……都是读者们关注度很高的书。在直播这一天,我们邀请了"莱姆文集"的编辑,还请她在直播间现场给读者们写赠言卡片;借着奥运会的余温,我们请来《排球魂》的责编来讲女排精神。虽说已经是七月流火,气温降下来很多,但仓库依旧很闷热,大家很快就满头大汗、油光泛泛。读者在评论区都很体贴地说"电风扇打开吧,我们不介意噪声",于是我们开一会儿关一会儿,大家就伴随着风扇的嗡嗡声、打包图书时撕扯胶带的刺啦声,在一个很有氛围的场景中,听我们讲书。感觉我们就是边播边发,一片热火朝天的景象!直播间照例设置了9.9元秒杀、新书首发、特装本、毛边本、签名本、抽奖、免单这些环节。我们太过心切,准备了100多个品种,计划是在3小时内讲完,但因为和读者的持续互动(直播当中很重要的环节就是和读者互动)、重复讲解、临时增加链接等等,不知不觉我们的直播就进行到了下午四点钟。小伙伴们对我这个不靠谱的"高老板"也不好多说什么,毕竟也给了大家"封口费"(中午给他们点了汉堡和咖啡果腹)。

我们平时抖音店加上天猫,日均大概也就100单,在直播这天,一共收获了700多个订单,非常可观。整个自营小组,次日都去了仓库帮忙打包。在订单里面,看到很多读者备注了要直播的编辑签名,还有一位指名要"高老板"签名的,读者说"想要高老板写的明信片,希望高老板多直播,生意兴隆。最后希望译林越办越大，译林铁粉永远支持译林"，真的是受宠若惊。最多的一个读者下了 15 单，据他后来说，是跟快递点要了一个麻袋才拖回去的。

从设计直播环节、选品、和编辑沟通、组织人手物料，到直播、打包……真的是形成了名副其实的闭环。厘清每个环节，发现存在的问题，预判会出现的状况，直播之路我们也越走越顺。

创造 B2C 最短通道的自营平台，既是信息交流，也是情感联结，更是铸造文化价值共同体的强磁场。

直播这个事情，我们探讨过，是不是可以采取外包的形式，但我觉得直播不是走个过场。从直播间里传达出去的，是我们的品牌温度，出版人背后的精神力量，如果对本社和对本社的图书没有感情，那种温度也很难传达给读者，无法实现共情。所以对于后期直播间的设计，我们依然会邀请到更多的编辑和营销的小伙伴共同加入，力量聚合，加强我们的直播队伍建设，给大家创造机会参加培训，共同把我们的新渠道销售做好。另外我们会把这种相对随意的直播，设计成日常的固定项目。除了播我们自己的品种，还可以融合集团更多兄弟社的图书，以及结合主播的兴趣点，讲讲大家自己喜欢的友社图书（只要是加入抖音联盟的其他社品种，我们的直播间都可以上架），使我们的直播间更加有趣有料，不断吸纳新粉丝，扩大我们自己的私域流量池。

过去我们把货发到平台，让读者通过外部接收到的宣传信息来找我们；现在我们开直播，去探索和接触更多的读者群体，不单单是带货，而是加强和读者的联结，加强黏性，让他们在购买的过程中能有别样体验，使得我们的出版端能够有更多直接来自于读者的快速反馈。聆听来自终端的声音，也能帮助我们优化选题，弥补传统电商所存在的和读者距离太远的不足，进而突破原有的读者圈子。这些都是我们出版端建设自营平台的意义。

（译林出版社市场发行中心　高晓丽）

营销的准备

做好内容

首要是内容。内容要做到人无我有、人有我优。图书最终还是靠内容来占领市场。我研究了四川人民出版社的《钦定四库全书总目》的营销。该总目有很多版本，为什么要买四川人民出版社这个版本呢？书的序言将这个版本与其他版本相比，突出的优点讲得清清楚楚。书中内容，包括什么框子用红色，什么框子用黑色，为什么黑红交错，都是在做了深入研究和比较之后进行的精心设计，让阅读非常愉快。这就典型地体现了人无我有、人有我优的优势。

做好设计

今天,书的功能发生了一些变化。人们现在买书有时候会考虑这本书是不是一个艺术品。演技一般的演员,即使整天在营销自己,花了很多成本,却还找不到导演。如果能将自己收拾得亮丽动人,提升演技,然后在各种媒体上宣传自己,积极参加各种 party,马上就会有很多导演来找你。设计要精良,要醒目、突出,在书堆里被人一眼发现。看过译林出版社《契诃夫短篇小说集》封面的读者会怦然心动,如果在实体书店,更会体验到这本书的质感,感觉像一件精彩的艺术品。不少书设计得奇丑,读者都不愿瞅一眼,特别是同时有众多版本、同时出售的图书,人们最初一瞥过去的一定是装帧优美的版本。基于这个心理,书的外观尤其重要。装帧界有"人靠衣、书靠皮"的口头禅。

计算投入产出比

营销的成本必须考虑,需要计算投入产出比。比如,邀请名家去讲座要付很多费用,因为名家的时间成本和机会成本很高。优秀的营销人员要配合优秀的作者,通过各种方式消化成本,同时通过合同确定作者有义务参加出版社的营销全过程。当然,费用不能从一本书、一件事去考虑,要从长远和综合效益去判断。至于如何综合判断，运用之妙只能存乎一心了。一定要知道自己的投入产出比，不能傻乎乎地不考虑投入。

渠道选择

渠道选择很关键。在哪个渠道营销取决于你的营销对象。是年轻人还是老人，是精英女性还是少年儿童？如果是中老年朋友，就在传统媒体和微信公众号上推；如果对象是年轻人，就去 B 站等年轻人喜欢的渠道或平台上营销；如果是少年儿童，则走进校园或拉住家长。

案例 ｜ 在抖音店，22 个月卖出百万册畅销书

今天，年轻父母不仅关心孩子吃好喝好，更注重科学育儿，与此同时，抖音电商母婴赛道增速显著。2020 年底，我们推出抖音定制产品《念儿歌做早教》。上市第一年便销售 40 余万册；2022 年 1—9 月，我们再接再厉，销售更达到 74 万册。上市 22 个月以来，单一平台单一店铺总销量超 110 万册。

抖音平台不仅拥有强大的爆发力，更是彻底改变了传统发行模式下的"长尾效应"：只要内容足够优质，便可以不断激发新用户消费的可能性，大大延长头部产品的销售高峰期，实现持续增长。

为什么要在抖音开店？

——抖音带来的是一个增量市场，日活用户 7 亿，且能覆盖下沉市场。

——抖音平台更先进，有算法优势，让图书零售由"人找货"转变为"货找人"。其主动推送、流量加持的特点，为图书的营销加倍赋能。

——抖音是内容电商，出版社是内容供应商，基因更契合，共振更协调。

——抖音店是出版社渠道建设的一环，哪里有流量就到哪里开店。

——抖音自营店没有账期管理风险。过去，传统渠道经销商与出版社的结账期从 3 个月至 1 年不等，更常常出现拖欠及坏账，而抖音自营店采用分销模式，用户下单即完成回款。

抖店三步

1. 准备工作：深挖内容卖点、阅读场景、读者需求，撰写优质文案，精准匹配带货达人。

2. 启动期：体力活。海量联系达人进行产品推介，争取短时间内大量曝光。

3. 爆发期：技术活。对已发布视频进行复盘，探寻爆款视频的流量密码，快速迭代升级营销文案，并重新投放，从而带来阅读量、转化率更大范围的爆发（重复这一动作，直至出现爆款）。

裂变期：爆款视频出现后，将形成口碑裂变，全平台达人会形成自发带货,带来新的流量和成交量。

如此反复!

(江苏凤凰科学技术出版社　谷建亚)

营销能力的养成和提高

营销能力的养成,需要注重三方面能力的提高。

对图书的判断力

只有懂书才能去营销图书。能否提取一本图书的优点和卖点,足见营销人员水平和功夫的高低。优秀的营销人员和优秀的编辑一样,需要掌握多种知识,并在营销前对作者和作品深入研究。要有自己的判断,才能向别人推销。如果你自己都不懂,怎么向别人推荐或介绍呢?

写作能力

尽管我个人的写作水平并不是很高,但我总是十分用心地去写,对推荐图书的每一篇软文、每一段案例,都字斟句酌。优秀的营销人员或优秀的编辑必须具备超强的写作能力。只有这样,才能把自己所掌握和理解的精彩内容,准确地传递给受众。

演讲能力

要想成为一位优秀的营销人员或优秀编辑,一定要努力去练习演讲的技巧,不断提高演讲水平,这是当面向人推荐或介绍图书时必须具备的能力。图书营销员必须善于表达,抓住受众心理,准确地将信息表述给对方。只有让对方感到你"所言即所信",才能成功推荐图书。

出版社的兴与衰：神奇的 36 个月

任何一个组织都希望创造不朽的业绩,实现基业长青,但有的如意,有的失意。作为组织的出版社,有的历经百年,长兴不衰,一年年不断出版传世佳作,泽惠读者和世界;有的很快没了影响,甚至还没有形成自己的特点就消失于无形。无数出版社生存于世,但对于读者来说,它们大多面目不清,出版的图书毫无影响力。全国现有 500 多家图书出版社,正常运营、读者能看到的出版单位不到一半,其中优秀的出版社恐不到百家。今后,越来越多的出版资源会向头部出版单位集聚,在充分市场竞争的情况下实现优胜劣汰。

作为静态的组织,一个兴旺的出版单位应该具备组织生存的一切要素:有明确的组织愿景和目标,有优秀的社长和总编辑构成强有力的领导力,有富有职业素养和专业素质的编辑发行队伍,有充满活力的运行机制和激励机制,同时自身善于变革以应对日益变化的图书需求市场。特别重要的是,有一个对出版使命有清晰认识的上级主办单位或大股东。

但组织是变化的,构成优秀组织的要素也并非一成不变,要么上级主办单位瞎指挥,要么组织内部动荡,出现了有违组织愿景的不利要素。对出版单位及其主办单位来说,明察变化,见微知著,在不利因素刚刚出现时就敏锐发现并立即变革,就像电脑建立防火墙来隔离病毒,并经常检测是否有病毒入侵,将病毒删除于起始阶段,而不是不明不白、无动于衷地等到系统崩溃。

出版单位的兴与衰是有迹象的。通过细细观察,可以发现一个较弱的出版单位逐渐兴旺和一个较强的出版单位日趋凋敝的线索。综合看来,大致有五个迹象可以窥豹。

上级部门:折腾、重视与放手

一个长期运行不良的出版单位,如果上级组织日趋重视并加以强力推动,可以看作是变化的前奏。在我国,出版单位有明确的上级领导机构,有着资金、人事和制度上的调控权。一个较弱的出版单位,上级部门深入实际,了解"病因",有针对性地进行改革并且持续不断地推动,基本可以看到曙光。相反,一个非常健康的出版单位,如果上级主办部门想当然地随意摆弄方向,胡乱地安排干部,对出版方向和出版举措官僚主义地加以指挥,基本可以看作由盛趋衰的开始。一句话。对较弱出版单位的"有为",对较兴出版单位的"无为",往往是正能量;对较弱出版单位的"无为",对较兴出版单位的"有为",往往是负能量。

社领导班子:活力与无力

一个出版单位的兴衰与领导班子的活力有极大的关系。一个较弱出版单位往往因为一个强有力领导的出现发生逆转。当

然,理论上讲,一般组织也因为领导人的变化发生变化,但出版
单位尤甚。一般的企业,其生产要素禀赋包括多个方面,如资
源、地理位置、周边产业链完善程度等等,但出版企业不同。地
处中西部地区的《读者》、广西师范大学出版社、中南出版传媒集
团、四川文轩出版发行集团仍然可以创造骄人的业绩。典型的
创意产业,其兴衰与领导人的创意以及能否激发下属的创意有
很大关系。当一个单位失去活力时,一般首先看到的是领导人
的懈怠与保守;当一个较弱出版单位的领导充满活力并善于带
动大家时,想不发展都难。

人员:流出与流入

要判断一个出版单位是否逐步变好或逐步变差,有时候出
版社领导自己并没有清晰的认识。一般来说,他们容易主观,看
不到自身的局限或变化,可是出版社人员的流动是一个非常明
显的信号。一个上级主管部门或出版社的员工据此可以判断出
版社是否健康运行。如果一个出版单位在一个时期持续不断地
发生人才的流出而流入又很少,且日益严重,一般可以视为单位
由盛转衰的开端。这是因为,一个出版单位的优秀人才支撑了
一个出版单位,而这些优秀人才预事比别人早,对单位的问题和
弊端比一般人看得更清晰,对单位未来的变化趋势有切身的体

会。很多出版单位负责人往往是年薪制,一个标准确定后,在相对长的一个时期内比较稳定,但基层员工的收入、待遇和晋升通道是不断变化的,时刻处在动态之中,深处其中的员工最清楚。当一个单位从下滑中逐步企稳时,员工甚至比领导看得更清楚,因为员工会交流,会比较,而领导与员工交流较少,得不到集体和综合的意见。当企业变好时,员工一般不会离开,会等待更好的机会来临。因此,人才的净流出还是净流入是判断一个出版单位是由兴变衰还是由衰变兴的明显信号。上级领导据此观测一个出版单位的趋势非常实用。

库存:上升与减少

这一点非常容易理解。出版单位的兴旺是因为产品适销对路,反之,出现了大量的产品积压,或库存急剧增加,其增加量大于销售量,显示产品的成本不能由销售来覆盖。经过一段时间后库存不但占用流动资金,也会侵蚀利润。当然,库存指标不是唯一指标。当一个单位在长期经营不善后,出现人员流失、资源枯竭、造货能力不足时,库存都会下降(除非胡乱造货);当出版单位从底部走出时,一定是出现造货能力的提高,相应地会出现库存的缓慢上升。因此,静态地看库存升降并无意义,一定要结合生产能力和生产趋势。当生产能力减少时,库存下降是必然也是危险的；当生产能力提升时，库存上升是良好的也是必然的。库存还应与发货及回款结合起来考虑。

20 世纪 80 年代，四川出版集团（没有这个名称，有类似的实体）曾经是国内出版的主力军之一，但后来迅速滑落到全国排名二十名之后。近六七年来，在"振兴四川出版"宏伟目标的鼓舞下，四川文轩出版发行集团大打翻身仗。2021 年新华文轩实现营业收入 104.60 亿元，相较 2015 年增长 82.45％；实现净利润 13.03 亿元，相较 2015 年增长 111.87％；实现资产总额 187.74 亿元，相较 2015 年增长 74.76％；实现净资产 111.10 亿元，相较 2015 年增长 53.45％。与此同时，该集团的库存总量、发货总量也急剧上升，显示出造货能力的提高与业绩增长的正相关联。

好书：出现与消失

当一个长期衰落的出版社，经过一段时期的调整，出现了较受市场欢迎的好书，比如，最直接的是本版图书开始登上在央视和中国图书评论学会评选并发布的"中国好书"年榜和月榜，这便是一个单位开始变好的积极信号。如此上榜次数逐步增加，那基本可以看作正在走出低谷。凤凰传媒对"中国好书"的上榜十分重视，其原因正在于此。之所以如此，一是因为"中国好书"

是一个短期见效的指标，月月评，不像其他国家类奖项几年评一次，指标不敏感；二是"中国好书"是单本书，对内容、装帧、编辑含量、营销宣传的要求高，是出版社综合能力的极大体现；三是"中国好书"要求中国原创，排除公版、重版和大部头，是出版单位组稿能力和策划能力的核心竞争力的体现。一个单位如果不断上榜，可看作兴旺的标志；反之，一个较为强大的出版社，如果长期没有上榜"中国好书"，可能是一个十分危险的信号。

以上讲了出版单位由弱到强和由强到弱的五大重要信号，可能不全但很有效。除此之外，必须充分认识变化的时间因素，因为变化是一个由量变到质变的过程。经我多年观察，这个时间大致在 36 个月即三年左右。一年发生急剧变化的不是没有，往往是偶然碰到好的机遇和一两款好产品。比如中部地区一家长期较弱的出版单位，因为较长时间准备的一套适销对路的图书出版，发行数百万册，单位立刻由弱变强。30 年前，江苏文艺出版社曾经很弱，突然约到上海作家叶辛的《孽债》并出版，刺激了电视剧的拍摄，而电视剧的拍摄反过来又促成图书的销售，几百万的发行量也供不应求，突然实现经济效益的猛烈提高。这样的例子不多，不过这种现象反过来要求出版单位对突然来临的机遇要牢牢抓住。但是，从根本上来说，要实现内部机制的完善，要引进优秀人才；要实现一部部书稿都能取得效益，必须有足够的时间。而 36 个月，正好是引进人才的磨合期结束，策划

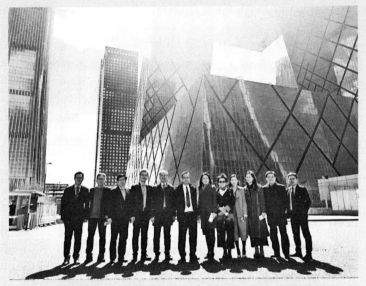

2019 年春,作者和凤凰出版传媒集团部分出版社领导赴北京参加"中国好书"颁奖会

和组织的稿件到了一个回收周期,效益也就逐步体现。兴旺和衰落的时间大体差不多,不过衰落一般比变强要快一些。很少看到一个单位经过 5 年的努力还不见起色的。如果 5 年未见从弱到强,一定是在领导人的选择方面出现了错误。

还有一个指标也很重要,就是看出版单位是否频繁地更换领导。根据实践来看,"一幅蓝图绘到底"之所以成为响当当的口号,是因为大部分情况是领导变动后"各绘各的新蓝图"。频繁更换领导在大部分情况下对出版社的健康发展体现为负作用,但也有很差的出版单位长期不更换领导的,因此这个指标有一定的不确定性。总体看来,频繁更换领导更不利于出版社的发展,因为出版社的产品开发基于思路,而领导经常更换则意味着思路经常变动,易导致读者对出版社的认同度下降。

以我曾经工作的江苏人民出版社为例。在我 2012 年到江苏人民出版社主持工作时,出版社的经营情况较弱,年净利润在 300 万元左右,其中主要还是投资凤凰联动的分红收益,在集团属于较穷的出版单位之一,人才流失的情况也有,出版方向也有向少儿出版转向的趋势,面目渐渐不清。从此开始,出版社领导班子和全体员工精诚团结,奋力爬坡,经过三年左右的努力,单位才终于摆脱气喘吁吁的被动局面。在做苏人社负责人的最初三年,我承受了巨大的精神压力,极少有很好的睡眠,而直到 2015 年底的时候,出版社蒸蒸日上,我才不再为经营指标所困,才有了每晚的酣睡。

江苏人民出版社十年经营情况——利润总额

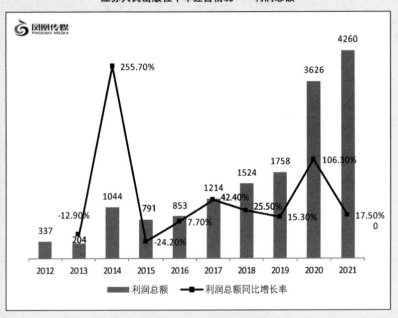

注:2012—2021 年利润增加 3923 万元,年复合增长率 32.6%

　　类似的境况在中华书局、江苏凤凰文艺出版社、江苏凤凰美术出版社也曾神奇地出现。

　　据我了解,中华书局在 20 世纪末也曾出现重大波动,偏离主业、扬短避长的做法频繁出现,一会儿做时装杂志,一会儿做中学生读物,经营情况恶化,部分核心骨干编辑纷纷离开。直到 2003 年,在新的主要负责人李岩的带领下,出版社重新聚焦自己的核心主业,发挥比较优势,放弃杂务,提升传统竞争力,召唤已经离开书局的优秀编辑,经过三年左右的努力,单位迅速起死回生,重焕青春,直至 2007 年李岩担任中华书局总经理时已经生机勃勃。多年后李岩再将接力棒交予徐俊,徐俊将接力棒续交周绚隆,精神代代相传。

　　"士别三日,当刮目相看",而刮目相看出版社,起码需要三年。

2020 年 8 月，时任凤凰出版传媒集团董事长梁勇（左二）和作者参观中华书局，
与中华书局前后任总经理的李岩（左一）、徐俊（左四）合影

第三章

出版单位核心竞争力指标

本章所指的出版单位包括出版集团和单体出版社。很多人会认为,出版集团的核心竞争力是集团所属各出版单位核心竞争力的总和,实质未必。如果 $1+1=2$,那有什么必要成立出版集团呢?成立集团还增加了那么多总部部门,不可避免地增加出版的费用,减少利润。集团的成立,其竞争力如果仅仅是各出版单位竞争力的简单相加,甚至产生更多的费用,那成立这样的集团的意义就应受到质疑。

成立集团的原因有三个:一是政府撮合;二是市场竞争的需要,通过兼并与重组,实现企业成本的降低和竞争力的增加;三是跟风,看看其他地方都成立集团,区域地方领导也被动地成立集团。当然,我们可以乐观地认为,政府撮合的初衷是使本地出版事业或产业更具竞争力,同时也不排除因为实现了政企分开,国有出版单位需要一个单一集中的国资管理部门来管理,否则便没有了"主办单位",而成立集团可以获得政府部门授权来实现国有资产的保值与增值。不管出于何种动机,我们都可假装所有的决策者都研究并确信科斯的交易成本理论——成立企业的根本目的在于减少交易成本。如果成立集团减少了交易成本,同时可以通过集中资金实现更大效益来反哺出版主业、优化印刷物资等相关产业来服务出版主业,则是实现了 $1+1>2$ 的竞争效果。

出版的竞争力是包括人才、环境、作者资源、渠道、商誉(品牌)在内的各项竞争能力之和,是一个竞争力体系,不是单位一个个能力的简单相加。这些竞争力通过产品形成了竞争力指标,指标反过来反映竞争力并影响竞争力。竞争力指标总和可以体现为我们在前面讲的社会效益和经济效益。

出版社作为图书市场的竞争主体,竞争力指标有很多,但我认为有九项核心指标非常重要。

第一项核心指标是零售市场规模。零售市场规模不仅仅是经济规模,否则会与第二个核心指标重复。零售市场规模可以理解成在市场上的开卷排行榜,因为这个榜近几年也包括了部分网络销售数量,与早期仅实体书店销售数据相比有了很大的改善。有多少人买你的书,构成出版单位和出版集团的核心指标之一,也是真实需求的一个反映。

第二项核心指标是经济效益。一个出版单位创造了多少收入和利润?是不是稳健?有没有起伏?我所供职的凤凰传媒多年来这项核心指标没有起伏,发展非常稳健,其利润排名在全国同类公司中名列前茅,2021年更是进入世界前十名。凤凰原来的规划是在"十四五"期间将出版发行主业经济效益提高至世界出版强企前十名,但第一年就实现了。

出版好书固然重要,但一个出版企业如果不赚钱,就没了经济基础,未来发展便难以持续,出版好书的条件便不复存在。另外,没有很好的经济基础,无论是投资者还是作为出版的主办单位——集团,或集团的上级政府,都会承受很大的压力,因为没有实现授权你经营的国有资产的保值增值目标,没有实现投资者收益;没有很好的经济基础,优秀人才也会离开。很好的利润会带来很好的员工收入,就会有更多的人才不断加盟。因此,第二个核心指标是经济效益。

第三项核心指标是入选"中国好书"的数量。理由稍后专呈。

第四项核心指标是"中国出版政府奖"。2021年某出版集团没有一个项目获奖,集团主要负责人心情非常不好,脸色非常难看,部下不敢直视。虽然凤凰集团在2021年"中国出版政府奖"评比中在全国总体排位没有变化,仍处于前三名,但因没有进步,甚至感到比上届所获略低,同时,该奖多项指标中的"图书奖"正奖表现并不十分理想,我觉得我们竞争力出现了问题,我作为凤凰传媒总编辑,工作有失职。因此,在大家的一片欢呼声中,我沉默不语,怏怏不乐。事实上这项指标体现了一个中期(三年)出版单位努力程度和方向把握。如果没有入选或入选数量下降,务必引起高度重视。

第五项核心指标是"中华优秀出版物奖"。理由同四,但指标权威性略低于四。

第六项核心指标是中宣部"五个一"工程奖。

上述第四、第五、第六项指标就是传统上大家常说的"三大奖"。

第七项核心指标是入选国家五年规划的数目。全世界有没有第二个国家在搞图书出版五年规划不知道,但我国出版单位对此比较看中。国家五年规划项目以及其完成数,是一个单位操作大项目的核心能力,体现了一个单位的长期竞争力。一般说来,一个出版单位的组织愿景越稳定,专业性越强,作为其成果的长期规划能力便越强;一个单位如果不停地更换领导,一年一个想法,便不可能做出长期规划。因此,五年规划是判断长期出版核心竞争力指标的试金石。

第八项核心指标是入选国家出版基金的项目以及获得国家出版基金资助的金额,理由与第七点略相似。如何申请并获得国家出版基金,我有一些"秘籍",不比已有公开的文章差,但不在此书中披露。

第九项核心指标是入选中宣部年度主题出版重点出版物选题的数量。其重要性不言而喻,我在本书第一章便详细叙述,在此不表。

不同的出版集团和出版社有自己心中的核心竞争力指标,但我认为大差不差。在这九项核心指标中,我最看重的就是"中国好书"入选数,我也将这一指标的重要性反复在凤凰出版传媒集团强调,在每月一次的编委会上仿佛得了强迫症似的唠叨。当然,"中国好书"入选数这个核心指标与我们讲的市场规模、经济效益非常相关。如果一个出版单位经济效益欠佳,甚至非常穷,便很难花很多钱去组稿,也不可能有很多优秀人才加入。没有优秀人才的加入,就不可能有人很好地策划"中国好书"。这两个经济指标因素与"中国好书"入选数指标互为基础,互为条件,互为促进。

"中国好书"作为核心指标,体现了一个出版单位全产业链的功夫,不具备全产业链功夫很难做好。"中国好书"从内容、策划、编辑、设计到市场营销,步步见功夫。如果出版单位的每一项工作、每一本书都以"中国好书"的标准去做,将会极大地改变出版社的风貌、生产机制和企业文化,因为所有在编的图书都向"中国好书"看齐就等于向行业标杆看齐。在"中国好书"的标准下,出版社的各项工作都会上个新台阶。

作为凤凰传媒的总编辑,我每月组织"凤凰好书"的评选,让"凤凰好书"每月入选的书几乎都可以入选"中国好书",通过这个措施把所有的生产积极性和生产要素向"中国好书"聚拢。长期如此,凤凰的出版能力自然会上去。

我之所以没有把中宣部"五个一"工程奖列为核心指标的重点,是因为一个"难"字。不得不承认,我患有"恐难症",可能投入了无数的心血,仍难以入选那三年一次的十来本。这个"恐难症"像我的"恐高症"一样严重,如影随形地伴我多年,让我产生可怕的右倾机会主义和逃跑主义思想,虽然作了自我批评但没有受到批评。因为太难,我就不会去登珠穆朗玛峰,而只能每周去爬紫金山。如果将此定为重点核心指标,在落选后反而会挫伤我和大家的积极性和自信心。

到去年为止,"凤凰好书"不断出版,效益不断提升,单本书的销售量也逐步提高。凤凰传媒出版板块近几年来效益翻了一番,这完全是我们牢牢立足新发展阶段、贯彻新发展理念、构建新发展格局的结果,也是牢牢紧扣核心竞争力指标的结果。

每月一次的"凤凰好书"评选会

第四章

大珠小珠落玉盘：
大工程与单本书

从出版的规模、耗时耗资的角度，可以将出版分成两个形态：大工程出版和单本书出版。单本书见功力，大工程见积累。

大工程的效益非常明显。我过去所在的江苏人民出版社完成了很多出版大工程，多年来它获得的出版基金项目数可能排全国出版社前十名，获得的资助可能在全国排到前五名。

出版大工程耗时长，投入大，产出也大。十多年来，江苏人民出版社完成的出版大工程有：《中国近代通史》，由中国社科院近代史研究所前所长张海鹏先生主编，马勇、杨奎松、汪朝光、王建朗等悉数参加。在此之前，没有人组织撰写过中国近代通史，该书出版十年来不断重印。《中国美学通史》，由北京大学叶朗先生任主编、朱良志先生任副主编。钱乘旦教授是北京大学世界史中心前主任，是我国世界史研究的领军人物，十几年来帮苏人社编了几套大书，一是 10 卷本的《世界现代化历程》，二是作为总主编正在帮我们完成的"大国通史"系列。"大国通史"系列目前已出版两种：《英国通史》销售近 1 万套，《德国通史》上市一年也销售了大几千套。苏人社过去出版的《南京大屠杀史料集》78 卷，《中国古城墙》6 卷，《中国佛教通史》15 卷，《西方哲学通史》6 卷，以及正在陆续出版的"清华国学书系"50 卷，"抗日战争专题研究丛书"100 卷，"概念史"丛书 100 卷，都属于浩大工程。放眼全集团，坚守了 34 年仍在出版的 200 余册的"海外中国研究丛书"，100 多册的译林版"人文与社会译丛"，以及逾百册的"牛津通识读本"，这些浩大的出版工程，都为凤凰取得了不俗的社会效益和经济效益。如果放眼远观，中华书局的"二十四史"，商务印书馆的"汉译世界学术名著丛书"，浙江大学出版社的"中国历代绘画大系"，上海辞书出版社的《大辞海》等，都是两个效益俱佳的超大出版工程。

十多年来，国家设立了出版基金，对有重大学术价值、耗资巨大的出版工程进行了一部分的出版资助，用于弥补部分出版成本，有效地分摊了部分成本，对大工程出版是重大利好。

大工程成就单位和个人的品牌影响力

大工程出版提升了出版单位的能力。通过大工程建立了广泛的作者资源（大工程涉及的作者众多），锻炼了出版社的耐力，保证了出版社政策的持续性，建立起这个出版企业相对稳定而非躁动不安的文化价值观，提升了出版单位的专业水准。一个出版社集中力量能干什么？出版社的专业度在哪里？大出版工程不是一个人能干出来的，需要从上至下一个庞大的团队来组织实施。一盘散沙的单位，不可能做成庞大的工程，即使想做，最后大都成烂尾工程。如果没有这些大学术平台、大学术机构的作者队伍，同时，如果没有长期坚持不懈的恒心毅力和专业的深度，没有出版社一茬接一茬干的领导班子而是后任轻易否定前任的顽劣套路和作风，这个社长上来想干这个，那个社长上来想干那个，大工程就是"豆腐渣工程"。

通过大工程，出版社的专业定位会清晰地显示出来，不但保证了经济效益，也提高了社会效益。

大工程不但对出版社重要，对编辑个人也如此。编辑一辈子当然可以编辑很多好书。但如果一本一本不相关联，看到的都是一棵一棵的树而没有看见一片森林，便没有整体感；相反，如果你参与了浩大的出版工程，比如11卷的《中国运河志》，你就可以令人肃然起敬，并形成编辑的个人品牌。编辑的个人品牌容易通过策划大部头著作而形成，特别是在传统的国有出版单位。

大工程的铸造和人才培养

大工程锻炼了一批人才，而不仅仅是一个人才。从策划、营销、销售的全产业链、全流程跟踪，促进了编辑个人才能的增长。江苏凤凰科学技术出版社的年轻编辑，从十年前开始策划编辑出版《中国运河志》，到现在两鬓染霜，从年龄增长、心智成长到编辑经验的成长，都受益良多。大工程耗费的时间长、工作量大，需要一个编辑全身心、长时间地投入。一般情况下，单位很多个人乃至一群人，甚至很多社领导都退休了，工程还没结束。这种坚韧不拔的精神造就了不凡的人才，从一个编辑发展到多个编辑，不断更替，前赴后继。

跟踪、接力"海外中国研究丛书"的编辑，就是在参加一场人才梯队的接力赛。

我当初在江苏人民出版社任社长，第一个要考虑的就是研究这个已经有了近三十年的庞大工程由谁接手。第一位优秀创始人编辑周文彬主任（复旦毕业）退休后由后来的苏人社府建明博士（南大毕业）来接，府建明做社领导后由编辑部主任王保顶博士（南大毕业）来接。我到出版社后不久，王保顶升任副总编辑，就需要落实新的编辑来接这个大工程。如果没有合适的人来接，"海外中国研究丛书"就会是"烂尾楼"。我想方设法选择最优秀的人去接。2013年招进卞清波后，我认为他的文史修养等各方面条件适合，于是就让卞清波博士（南开、南大毕业）去接。几年之后卞清波调走，又让中国人民大学清史所研究生毕业的康海源来接。他年纪轻轻，便翻译出版了两部海外明清史研究著作。现任凤凰传媒总经理的佘江涛在苏人社从普通编辑到室主任再到分管副总编，直接参加并见证了这个庞大项目的人才接力赛。

从社长的视角看，能否把优秀的人放到优秀的大工程里去干，对工程未来能否可持续发展十分重要；如果把一个能力较弱的人或斤斤计较的人安排在这个岗位，这个工程大概率会被做砸。

作者（左三）与"海外中国研究丛书"主编刘东（左四）在清华大学
左起其他人员：康海源、王保顶、刘迎胜

大工程对单位可持续发展的意义

　　大工程作品是庞大的资源库。从编辑、作者、作品三个生产要素来发掘，重大工程都能衍生出新的选题。我相对比较敏感，遇到任何一件芝麻大的小事都会想会不会有一个西瓜，而不像很多人既丢了芝麻也丢了西瓜。"海外中国研究丛书"中的《中国精英与政治变迁：20 世纪初的浙江》就是我策划、经过主编刘东同意放入丛书的。海外中国研究的学者治学非常严谨，没有一本书没有众多的参考书目，优秀的编辑应该从参考书目里找资源。我当时是从另一本海外中国研究图书的参考书目里发现这个选题的。只要有庞大的工程，就会有附带的、取之不尽的资源。

　　重大出版工程涉及的作者特别多，《中国运河志》涉及一百多位作者，可以激发编辑从多个角度去"探宝"，比如中国和西方造闸技术和历史。"海外中国研究丛书"有几百位译者，他们在各自的领域都有建树，同时也是优秀作者，如研究宋史的赵冬梅，既是名作者，又是翻译家；刘东既是翻译，也是名作者，他将他近十年最看重的学术重磅原创《天边有一块乌云：儒学与存在主义》交给苏人社出版。庞大的作者群可以带来很多创意和作品。

所有大工程都可以进一步细化、深化和多元化，可见重大工程对各出版单位可持续发展的价值。但这仅仅是客观有利条件，能不能从主观上去把握和挖掘，还在于人，在于编辑的敏锐度。

中华书局的徐俊老总一句话令我印象非常深刻，他说："优秀编辑编一本书就增加了一位作者，差编辑编一本书就赶走了一位作者。"我深有同感。这样的例子也屡见不鲜。作者跟出版社打交道，如果发现对接的编辑很糟糕并产生反感，轻一点就是"再见"，重一点就是口口声声地告诉别的作者不能与这个出版社合作。优秀编辑会使所有作者口口相传，将出版社推荐给其他作者。每个作者都不是孤立的存在，相反都有自己的朋友圈、作者圈，他告诉别人这个出版社不错，其实是因为他接触的那个编辑不错。所以好编辑会带来更多的作者。

差编辑把大工程当成自己的工作负担，做完拉倒；更差的编辑，因为自己不感兴趣，只是被动地应付，工程做不完，形成烂尾楼；反观好编辑，能将这些拓展因素发扬光大，除了能完成一个重大的"航空母舰"工程外，还能做成边上一个个"驱逐舰""护卫舰"，甚至于再造一个大工程，再造一艘"航空母舰"。因为他做过一次"航空母舰"，驾驭新造"航空母舰"的能力就会非常强。

通过完成重大工程并再造新的重大工程，出版社可持续发展的能力得到大大提高。

国有出版单位在大工程出版上的特有优势

我最近看到了凤凰出版社的可喜变化，因为凤凰社在为市场做书，而过去不是，过去是在为学术机构做书。过去科技社也是为机关、学术单位做书，他们的市场占有率很高是因为他们的子公司凤凰汉竹、凤凰含章这方面强。凤凰科技的"三农"编辑中心，过去都是 to B 市场，或是 to G，而不是 to C 市场。这几年科技社发生了很大变化，坚定不移地向市场要效益，科普读物、生活类图书都做得非常好。如果不为市场做书，而仅为系统和体制做书，就体会不到为读者做书的那种快乐。《李永乐老师给孩子讲物理》销量上去后，编辑和社长心里的那种快乐实在难以掩藏，被我悄悄从他们的举止中发现。

民营公司都是在为市场在做书。像新经典、果麦、读客，他们纯粹面向市场和每一个读者，每一分钱都是读者奉献的。

我长期思考出版的市场化，并在 to C/to B/to G 之间进行选择。经过长期思考和分析，获得了如下两方面的认知。

一方面，如果我们国有出版单位纯粹做市场书，竞争力可能稍逊：我们的成本高，冗员多，经营不够精细，而民营公司具有我们不具备的竞争力，我们再怎么改革恐都无法改到完全具有"民营出版商"的效率。民营公司单本书制造能力比我们强，营销能力非常厉害。读客公司年底给优秀合伙人发放一辆宝马，把人的积极性发挥到极致。我们不具备他们的优势，也不能这样做，我们甚至都不能给优秀员工发一辆电动自行车，我们吃了豹子胆也不能像读客那样上市后在上海外滩和平饭店楼顶疯狂地开party。

另一方面，如前几章节"动力与生产机制：国有与民营"所写，民营公司一般不愿做十年之后才见效的事情，只有我们能做。大工程推进或完成之后，我们可以不断地拓展细分市场。大工程开发会团结一批作者，也会带来后续的市场选题。苏人社的大工程特别是世界史和哲学系列做得相当不错，作者往往把他们的单本市场书也交给苏人社继续来做，包括赵敦华、江怡等名家。

国有出版单位必须奋力开拓单本市场类图书，即使比较优势如何不如民营公司。因为单本书对出版社编印发能力是全方位的综合考验，决不能放弃。苏人社过去和凤凰科技、凤凰教育一样，不做市场单本书，做的都是大工程。在我的推动下，每年研究确定20本左右的单本书选题，而这些单本书往往都是原来大工程的一个衍生产品——产品是衍生来的，作者是衍生来的。

大工程有它的独到优势，除了锻炼人才、可持续发展和提升品牌影响力之外，还推动了我们的市场化。我们很多小产品都来源于大工程。如果不做《德国通史》，苏人社就不会认识那么多德国史的专家，也就不会有《第三帝国史》。

大工程与单本书两者都不可缺，这是一个硬币的两个方面，也是我们国有出版企业跟民营公司的不同运作方法，体现了我们的比较优势。

大工程的协同

首先，一般来说，大工程非一个部门所能完成，非一个人所能完成，往往要集中全社之力。事实上，《中国佛教通史》、"抗日战争专题研究"百卷本，都不是一个部门能干的，必须调集各个编辑部的力量，需要社长的协调。

其次，重大出版工程是一个漫长的过程，短期不见效，对考核需要通盘考虑。如果日日夜夜做重大工程，做了十年，按照常规考核，编辑可能长期没有收入。这需要人事部门进行综合考量。社长必须知道，以人事和财务部门为主的考核小组有所短视，搞不清项目长短和大小，只精于计算在一个财务年度的投入产出比。如果社长是纯财务出身或听命于财务总监，"充满会计思维"，任何大工程都可能死于襁褓之中甚至更早—— 胎死腹中。

再其次，很多重大选题都涉及成本消化的问题，需要申报国家出版基金、国家重点项目，申请省里专项资金补贴。这往往是一个小编辑是难以胜任的，出版社领导必须去努力、去汇报、去争取。

最后,很多重大工程往往涉及重大、敏感内容。"抗日战争专题研究"是教育部重大委托项目,又是国家出版基金项目和国家"十四五"重点规划项目,2021年到稿约50部,可是需要送审约30部,主编原本计划赶在2022年5月20日南京大学120周年校庆时召开隆重的新书发布会,结果未遂。想要在某个时间点集中出版,必须要专人去协调送审事宜,单纯靠编辑个人或编辑部甚至出版社都没法完成。

两个效益:成也大工程,败也大工程

根据我的经验,重大项目有两种做法:一种做法是只考虑社会效益;另一种是寻求重大项目成本的消化,实现两个效益的统一。

仅仅考虑社会效益的重大项目要谨慎。重大项目很多,做不完。如果重大项目仅仅实现了很好的社会效益而不能实现很好的经济效益,即使它能推动人才的培养和提高品牌影响力,我认为也不应该去做,除非能带来巨大而不是一般的品牌效益。这与单本书相反。有些单本书只要有社会效益,即使没有经济效益——比如苏人社的"马克思主义经典著作导读系列"——也需出版,因为机会成本小、社会效益好。

做重大项目的一个首要条件，就是先把经费和预算做好。苏人社曾想做刘迎胜先生主导的国家工程《元史汇注》。刘先生原准备放在人民出版社出版，但大人民社与作者合同未谈成，他们就准备拿到江苏人民出版社来出版。我和王保顶觉得很有意义，选题也很好，也反复向佘江涛老总汇报，争取股份公司的经费支持，但后来我们还是决定不做，原因就在于这一项目与苏人社的关联性不强，有社会效益却没有经济效益，更没有溢出效益，同时经过反复测算估计会亏本。我们觉得如果放到凤凰出版社出版还是不错的。

很多出版社出版大工程的目的在于获奖，这是错误的。政府奖或国内的其他奖项，永远不是社会效益的唯一指标，政府奖也不会因为是工程大就能获得。《英帝国史》、"大国通史"系列、《中国美学通史》《世界现代化历程》等大工程有的拿到奖，有的拿不到奖。凤凰教育社的《朱自清全集》《叶圣陶全集》，译林社的"牛津通识读本"，凤凰科技社的《中国运河志》，凤凰社的"近代稀见史料丛刊"等都是大工程，并没有拿到图书奖。

不能冲着国家奖项去做大工程。出版社在运作之初就要对大工程的功能进行定位，对操盘这个大工程的所有编辑和专家团队进行定位，对这个大工程对中国出版的意义进行定位。比如"符号江苏口袋本"也有近100卷，是讲好江苏故事的大工程，对江苏的文化积累和"走出去"工作具有重要意义，但放在全国并不突出，也很难获奖。

大工程即使没有获奖也没关系。很多书读者口碑好、受众多却没有拿到奖；很多拿了政府奖的书却没有读者，没有在市场上产生影响力。出版那些对市场、读者、学者、中国进步产生影响的大工程才有意义。

搞小工程和做单本书风险较小。大工程有巨大的风险。如果质量差，房子建得越高，风险越大。风险来自两个方面：砸品牌的风险和烂尾楼的风险。

大工程未必都是好工程。有的是质量好的平庸工程，有的是容易形成烂尾楼的"好工程"。要保证质量，就必须在起步前就充分意识到工程的复杂性。团队选择十分重要，选对团队，再加上中间的"工程监理"层层到位，大工程才能做成好工程。

大工程一定是孕育市场和无数小工程的一个母体，不能仅仅靠行政资助。如果最终不能满足终端需求、读者需求，始终在做大工程，那是不可持续的。这是因为：第一，从编辑角度来看，不做市场书，没有市场感；第二，读者买不到，图书品牌影响力也会下降；第三，大工程有形成烂尾楼的风险，因为投资比较大；第四，大工程要寻求成本的消化和分摊，一旦找不到，就会被拖成烂尾楼。拖进去而迟迟没有效益，出版社就会产生很大的亏损。

"成也萧何，败也萧何"的另一个原因与社领导有关。有的大工程是领导工程。领导走了，大工程轰然倒塌。

核心编辑或社领导抓到了大工程好选题，一次策划多年有效；通过各项资金资助，有可能解决了部分成本，有稳定的销售和收益；一部工程就可能达上千万字，工程时间长，甚至一个编辑部其他工作都不要干，在两三年甚至更多年内不要开发别的选题，工作量有保障。正因为如此，大工程会使很多编辑日渐丧失自己的策划能力。大工程只需要我们利用广泛熟悉的人脉去争取；有些大工程甚至不是策划出来的，我们很难自己组织专家班子来开发大工程，很难出钱请大教授们帮我们写一套大型著作，作者基本也不会干，尤其是近十来年，国家投入教育和科研的经费巨大，作者们总是需要获得诸如国家社科基金重大项目、教育部重大攻关项目、教育部重大委托项目或国家社科基金后期资助项目的资助才能进行研究和开发。有了这些资金便有了完成项目的保障，而大项目完成之后，所在单位和机构的学术影响力和学科水平会提高，教授的知名度也会因大项目而提高。出版社要熟悉人脉，广泛接触学术机构，参加学术会议，明晰学术前沿，知道哪些是真宝贝，才有可能拿到大出版工程。

我曾提出"图书价值二分法"的概念，即图书的出版价值和阅读价值。在做大工程的过程中，要融入品牌建设和市场化导向，要向市场要效益，建立自己的品牌。理想中的出版社总是大珠小珠落玉盘，大工程、小工程错落生长，各领风骚。

案例 | 大项目运作的机制创新与探索

2019 年,苏少社立足高质量发展,对低幼板块的出版结构进行调整,成立低幼读物出版中心(以下简称低幼中心)。该中心围绕集团新型编辑部的建设思路,立足大项目生产,积极探索母子公司互动、跨部门合作、营销一体化等运作方式,迅速整合优质资源,实现了创意、策划、编辑、宣传、营销、"走出去"、融合出版以及主题活动等各生产环节、生产要素的协同互动,将优质资源的效益最大化。由此,低幼中心在大项目生产上实现突破,策划的图书连续三年入选中宣部主题出版重点出版物选题,获得第五届中国出版政府奖图书奖提名奖、"中国好书"等重大荣誉。

一、顶层设计引领大项目运作

大项目运作需要社委会注重顶层设计,统筹全社资源,对生产资源进行重组;需要注重出版中心对于重点项目、书系的资源把控和运作能力。同时,强化出版各环节的资源互通,强化生产经营的协作,以提升出版效率。

二、核心部门组织生产资源 保障大项目运作

大项目运作需要统筹社内优质编创资源,组建具有高战斗力的编创团队。同时,吸纳外部高端资源,通过外审专家、资深主编等外部资源,为项目的内容导向、结构体例,乃至后期的宣传推广助力。另外,还要依托优势平台提升重点项目的出版影响力。

三、媒体宣传布局前置　唱响大项目运作

大项目运作需要重视产品媒体宣传的整体策划，提前布局。在项目启动的同时，着手梳理产品的出版宗旨、创作特色等宣传文案，并结合互联网时代的特点，制定宣传推广计划和方案。同时，需要联系各方专家，为大项目后续参评各类奖项做好铺垫。

四、同步海外输出　做亮大项目运作

大项目运作需要在编创工作启动的时候，就同步开展版权输出工作。版贸团队第一时间向海外多国的童书出版机构推荐，并通过海外媒体的报道宣传，扩大大项目的影响力，赢得世界读者的认同。

五、推进融合出版　升华大项目运作

大项目运作需要融合发展思维，以促进产品的多维开发，挖掘内容的衍生价值。我们通过音视频、舞台剧、广播剧等媒介形式，给读者多元化的阅读体验；积极探索5G时代优质主题内容的创新表达，通过全景动态的方式，将重点书系直观、生动地展示在屏幕上。

六、营销一体化　做实大项目运作

大项目运作需要打破路径依赖，组建营销"战队"，通过线上直播、短视频，线下举办多样化的阅读推广活动，完善全媒体传播链，促进项目所蕴含的价值在小读者间进行有效的传播。

结语

1. 大项目运作构建了苏少社精品生产的新模型,这个模型是多位一体的,是动态变化的,是瞬时高效的,打破了传统编辑部单向、线性、静态的生产模式。

2. 强有力的统筹能力是大项目运作落地的重要前提。大项目运作涉及环节多、要素广,社领导的系统谋划、统筹调度,核心部门与团队强大的落地执行能力是重中之重。

3. 多元复合的经营能力是大项目运作成功的重要砝码。大项目运作必须结合互联网的特点,从创意生产端、媒体宣传端、营销推广端等层面一体化推进生产经营,多维度提高大项目的市场竞争力。

总之,大项目运作是一项系统性工程,只有加强顶层设计和统筹规划,强化核心团队的执行能力和协同能力,形成互联网下的生产经营一体化,才能打造出双效俱佳的精品项目。

(江苏凤凰少年儿童出版社　陈艳梅)

第五章

新书与老书

新书与老书,新版与再版,数量、质量与规模,畅销与常销,这是一组组相互缠绕、相互关联却有不同意蕴的范畴,单独讨论一组必然涉及其他相关各组,于是在这里一并深入讨论。

多年来,无论是出版公共政策的制定者还是出版企业的微观参与者,似乎形成了这样一些看法,即目前中国每年新书太多,制造了大量无效需求,造成了人力重复和资源浪费。在这样的"共识"下,一系列限制出版规模和遏制出版数量的制度和做法陆续出台。

出现这样的认识和做法可以理解。前十年,我国每年出版图书品种特别是新书出版量急剧增长,一方面造成了大量的库存,一方面出版了很多"烂书"。图书过多过"烂"表现在三个方面。一是公版书多。四大名著有几百个版本,超过版权保护期的图书大量引进出版,版本重复、译本洗稿、翻译粗糙的情况备受社会指责。二是达不到出版水平的图书时而出现。只要委托单位出经费,不管是否到达出版水平,出版社一概出版。三是图书质量下降。多年来,由于出版单位"事改企",影响了一部分高层次人才进入出版社的积极性,原有编辑到了退休年龄,优秀大学生在经济繁荣的周期下选择收入较高的行业,新进出版行业的人数减少、层次下降,加上在做强经济效益强烈愿望驱使下,很多出版单位等不及、看不上通过常销书慢慢获得稳定收入,而是希望通过增加品种和增加造货来急剧扩大市场占有量,导致"快工出粗活",一部分图书质量下降。

过多过"烂"的出版物也是在放开书号的大背景下同期发生的。出版管理部门很早就认识到数量增长与质量管控的关系。早在1986年12月在广西南宁召开的全国出版局长会议上,时任中宣部副部长的李彦就大力呼吁重视出版质量,要求"出书宁可做到少些,但要好些,坚决把质量不高,或拉关系的书稿压下去;集中力量出版质量高的重点书,并抓好有生命力的再版书的出版,给广大读者提供高质量的精神食粮,使出版工作更好地为社会主义现代化服务"①。21世纪以来,随着做大做强文化产业、推动文化产业大发展大繁荣的新要求,在国家推动行政审批改革的总体要求下,出版行政主管部门放开了书号限制,由过去的审批制、核准制变革为相对容易的申领制;书号由过去的总量控制、与出版单位的编辑人数和专业分工挂钩变革为无限制的按需发放。一段时间里,书号作为调控出版总量、优化图书品种布局的重要行政手段的作用逐步式微。

这两年,特别是进入"十四五"以来,国家主管部门认识到这一做法带来的后果,逐步加大了出版宏观调控的力度,多措并举,良药渐猛,每年出版的品种和新书数量都出现了逐步下降的趋势。

除书号有所限制、总量日趋减少外,国家对公版过多的"新选题"进行了调控,不少过去顺利申请到书号和CIP的公版选

---

① 《中国出版年鉴》杂志社编纂:《新中国出版编年史》(下册),第532页。

题,如今要么选题不能被批准,要么在申领 CIP 环节遥遥无期以致半途而废;国家也加大了对专业明显不对口、过多的境外选题和不合适的儿童选题的管控,甚至对重印和再版书也进行了细心的指导。

呼吁了几十年压缩品种、数量的效果终于显现,2020 年、2021 年全国新书出版量出现了下降。

除了国家宏观政策的调控外,减少出版品种似乎也是各出版单位自身发展的需求。它们在书号调控、严控质量的压力下,主动减少了出版品种。

当所有人都在说要减少出版品种、提质增效时,我们必须保持头脑清醒,理性看待出版数量与质量、短期与长期、常销与畅销以及宏观数量与微观数量的关系,正确分析这几组矛盾,以及新书与老书这对主要矛盾的关系,做到不畏浮云遮望眼。

可以下一个绝对结论:长期来看,出版繁荣乃至文化繁荣的时代是优秀新书辈出的时代。反过来,在一个相对较长的时期内,出版量越来越少的时候,必须十分警醒,因为它体现了一个时期创作的衰落和出版的滑坡。

当我们发现数量增长和质量下降同时发生时,千万不要将后者出现的原因完全归咎于前者,还需从出版单位的生产机制方面寻找原因,而不应该倒因为果,因为数量和质量在历史上、在全球出版业都并不必然存在着负相关的因果关系。

数量与质量的背离本质上是市场化不充分的结果。本来,在理想化的竞争市场环境中，既然质量不行，"烂"书横行，制造"烂"书的单位品牌受损，制造的图书便无人购买，优秀作者也不会将书稿交与这样的出版社，久而久之这样的出版社就会退出市场。但我国的体制是出版社"难生难死"：各单位都有自己的主办单位和主管部门，因而"难死"；又因为出版属于市场准入高度管控的行业，因而"难生"。在"难生难死"的不完全竞争市场里才会发生数量和质量的背离。至少我还没有看到一家出版社的死，几十年仅看了一两家出版社的生。1985 年 6 月，文化部再次发出《关于从严控制新建出版社的补充意见》，基本不批准新申请成立出版社。此政策从严把关到今天。

另一方面，如同多层次的饭馆、医院和律所一样，理论上也存在千差万别、多层次的出版机构，为不同层次的作者服务。较高层次的出版单位接受较高层次作者的较高层次的作品，在较高层次的编辑下出版较高层次的图书，受到较高层次读者的购买。如果较高层次的著作因为阳春白雪、曲高和寡而不能从市场获益，自然有较高层次的机构（也可能是政府）进行资助；如果整个市场拥有较多高层次的读者，自然就有更多的发行量，优秀的出版单位会出版更多的高层次图书。为了满足高层次读者的需要，出版自然会招入并培养优秀的编辑，优秀人员也会挤入这个广受市场欢迎的出版单位，生产规模会提升；随着生产规模的提升，更多的人会读到优秀的图书，整个社会因为好书的出版产生更多的正外部性，人们的阅读兴趣和阅读品位会提高，会反过来刺激出版数量的增加。与此相反,当整个社会阅读和需求层次较低且越来越低时,出版要么会萎缩,要么会产生大量较低层次的图书以满足较低层次的需求。数量的减少并不必然推高出版层次,因为需求层次多样,数量的减少只会在各层次中不同比例减少供给,好书和差书一起减少,而不会消灭某一个层次的读者。

这便是出版的市场逻辑。

全球和我国优秀的出版机构,从成立到发展,无一不伴随着出版数量的增长、规模的扩大和品牌的提升,相反那些默默无闻的出版机构或越做越差的出版机构,无一不是长期规模萎缩、出版数量较少和影响衰落的组织。

2021年,中信出版集团年出版图书1100种,所出版的政治经济类图书在中国乃至在全世界产生极大的影响力,其读者层次高,产品口碑好,是证券市场上众多中信品牌家族成员的核心之一。可是,你不能想象,中信出版社1988年成立,1991年出版第一本书,到2001年十年时间规模没有变化,每年出版50个品种,2001年以后才逐年扩展,年出版品种增加到今日规模。如果中信出版控制规模,无论如何都不会发展成为今天拥有700余名员工、年净利润超2亿规模的单体大型出版社。

凤凰出版传媒集团由1953年成立的江苏人民出版社发展而来。1953年成立时只有不到20位员工,经过70年的不断发展,现已发展为有10余家出版单位、出版主业员工超1200人的大型出版集团;出版数量也从最初的一年数十本到现在每年出版新书6000种左右。

译林出版社脱胎于江苏人民出版社《译林》编辑部,1988年成立时只有不到10名员工,年出版图书6种。到2022年,译林发展成员工近200名、年出版新书400余种、2021年净利逾亿元人民币的中国知名出版社。如果没有长期、稳健增长的数量,而是固守十几、几十位编辑,年出版几十种,他们如何占据中国大陆40%的外国文学市场?

数量减少,无论是对宏观市场还是微观出版单位,都可能产生如下后果:

一、原创的减少。与公版图书相比,原创图书具有市场不测性。没有一本原创图书在策划和出版前敢打包票说能产生较好的市场效益和社会效益,总是有一些书出乎预期的好和出乎预期的差。而公版书已经形成定论,有一定的基本量,成功与否只在于设计、成本控制和市场营销。当对数量控制时,出于避险,一般的出版单位会加大公版书的出版力度,尽管市场版本多,但至少还能分一杯羹;即使短期销得不好,也会长期慢慢销完,因为公版书没有时效性。多年来特别是近年来,和一些出版强国相比,我国图书市场上销量居前的都是老书,像《边城》《论语》《三国演义》《红楼梦》《庄子》《傅雷家书》《红岩》……都是些已经进入公版期的书。读客公司把《鲁迅全集》重新编辑后在江苏凤凰文艺出版社出版,上市不久就卖了几万套;出版朱自清和胡适等大家都没有了版权的图书,能省下 10％的版税。美国和欧洲的一些国家,每年销量排前的大都是新书,这反映了它们的出版单位和作者在不断地关注现实、研究现实,因而新书不断涌现。

二、单本效益的递减,缺乏发展的可持续性。主张减少出版数量最重要的观点之一,是可以通过提高单本书效益实现数量的减少,其路径便是加大畅销书和常销书的开发。不幸的是,近十年来,我们看到畅销书不断减少的趋势,即使是过去多年来靠畅销书勇立图书市场潮头的民营出版公司也大大减少;那些动辄年发行百万册的畅销书难觅踪影,而畅销的标准也一降再降,从年销售百万册降至 50 万册、30 万册。这是因为,在社会阶层多元、社群分众林立的趋势下,一本图书能同时打动多个社群越来越难;分裂的社群越多,越难凝聚共识,越难有共同的阅读。这是畅销书衰落的根本原因。当然,数字阅读也是纸质图书读者分崩离析的一个重要原因。想要一本书通吃读者的时代基本过去。即使是常销书,即使是再动人的长尾理论,也逃不过边际效益递减理论的打击。对微观出版单位而言,只有不断创新选题,与时俱进地不断开发优秀的新选题,才能给不同社群和层出不穷的新读者提供新需求。

今天的常销书是过去的新书,今日没有新书,哪来明日的常销书?出版人必须脑子清醒。

2020 年上海书展,与我一同参加开卷座谈的中南传媒总编辑刘清华问道:"难道数量减少一定会出现更好的效益吗?"我紧跟的一句话便是:"数量减少一定会出现更多优秀图书吗?"

三、市场的不断萎缩。图书市场的活力在于不断有新产品的提供,这与其他一般产品市场本无区别。微软、苹果、格力、大众、别克……无不经常提供新产品以提升消费者的新鲜感。20年前动力再好的宝来,30年前实用方便的捷达,世纪初令万人欢呼雀跃的雪佛兰小赛欧,今日大多数人都不愿意买。即使是服务型产业如银行、快递、维修等行业,也总是不断提供新的优质服务组合。如果说刚需产品米、油、盐、酒只要质量满足就能长销不衰的话,那么文化类弹性需求产品一旦没有新产品上市,整个行业便会迅速萎缩。如果三个月没有新电影上市,电影市场一定萎缩,连同电影院、爆米花都无人问津。没有新书上市,不但伤害出版业本身,包括流通图书的书店和网商都会一起萧条,用作销售体验的咖啡也会发霉变质。治疗萧条的良药便是不断有新产品上市。

四、编辑能力的下降。对出版而言,编辑与图书是相互成就的,好的编辑成就了好书,好书的诞生催生了优秀编辑的成长。世事如棋局局新。出版物反映时代,与生活同频共振,新的问题与话题都会带来新的选题,人心的变化使人不断求新知、成新思,编辑思考社会、感应社会,自然会寻找新的题材和体裁。即使是最好的出版单位,如果只吃多年长期不变的教材、多年不变的学生字典和词典,长期靠公版《红楼梦》和前辈翻译并长期维持版权的国外书吃饭，就会产生"没有社会效益的经济效益"。仅靠大量重版书就能生存，编辑产生惰性和惯性，长此以往，编辑的策划能力、打磨能力、营销能力都会退化。译林出版社现任社长葛庆文和我讲过这样一句令人警醒的话："长期没有新书出版，过多地依赖重版，编辑的能力会变得越来越差。"

当然，写完这章，必须加上一句话才完整：新书是优秀的新书，不是新"烂"书；新好书永不嫌多。译林出版社年度出版品种在 2013 年到达历史峰值后，近十年逐步下降。但不可否认，看译林的长期趋势，仍是一个上升的过程，只不过近几年是对前十年暴涨的修复；同时，前十年的新品种正是译林近几年动销产品增长和效益提升的基础。

1992—2018 年全国少儿读物出版品种数

（曾陈诚制图）

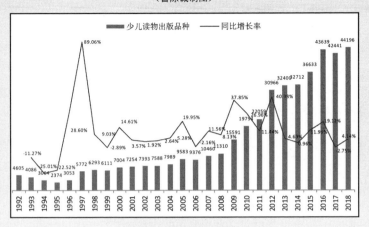

新中国 70 年出版品种图

（郑斌飞制图）

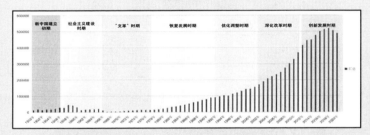

1988—2021 年译林出版社图书出版情况

（译林出版社供图）

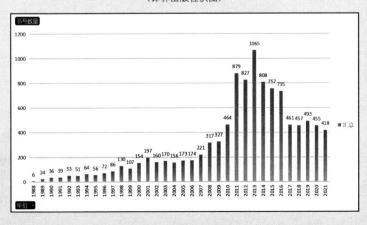

上图：活字印刷

下图：古登堡印出第一份校样

第四部分

出版的陷阱

第一章

导向与质量

导向的重要性与导向问题出现的原因

导向是出版工作的生命线,导向正则出版社兴,导向错则出版社亡。任何一位从事出版特别是内容生产工作的职工,入职接受培训的第一项便是接受正确的导向观,并将此贯穿职业始终。

正确的导向包括正确的政治方向、端正的文化倾向和健康的价值取向。

正确的政治方向要求编辑坚持正确的历史观、科学的真理观和文明的价值观。图书是人类文明的阶梯,人们通过阅读掌握准确的知识、客观的历史和有利于社会进步的思想。开卷有益,需要"卷"有益,这对所有出版人提出了基本的职业操守要求。当今,中国出版人必须通过自己的编辑工作,将有利于中国政治、经济、文化、社会、生态文明五位一体建设和人的现代化发展的作品呈现给社会,使国家的建设者获得技术技能,使人成为文明友好型社会的获益者和建设者。聚民心,共同为建设社会主义现代化强国凝聚力量,建设高度发达、高度文明、高度美丽的国家,这是出版人的奋斗目标。

仅此还不够。出版物不是简单的政治宣传标语和令人生厌的空洞说教,而是能够让人爱上阅读、具有推广价值的文化产品。通过阅读，人们会产生春风化雨般滋润心田的温暖力量。此外，图书的科学逻辑之美和善良催化之功，让读者学会理性思考而不盲从，催生爱人之心而不相伤，形成其乐融融的和谐家庭、国家和世界，让不同的文明因交流而多彩，因互鉴而丰富。这是出版人的文化倾向。

人性有弱点。出版物不能完全迎合并无限放大人的弱点。以大欺小、以小博大、放纵好淫、耽于恶习而带来的暴力、色情、赌博、霸凌，不能成为出版物一味沉浸其中的描述。低俗、恶俗的人和事不能为出版物正面赞叹，而应是鞭挞和抑制的对象。丑恶和低俗不是不能在书中出现，而应是在作者笔下有正确的判断，分析其原因并产生阻止的力量。人性有善恶，出版物应该扬善抑恶，绝不能助恶生孽。这是出版人的价值取向。

常见的导向错误包括在出版物中宣扬歪曲的历史观、国家观、民族观，错误的世界观和有害的人生观，以及畸形的审美观。这些"错观""歪观""怪观"和"畸观"对建设现代化文明国家有害，对创造和谐共生的社会和世界有害，对新一代中国特色社会主义事业建设者的心灵成长有害。这些错误的内容违反我国宪法确立的原则，在《出版管理条例》和陆续颁布的各项政策法规中都有详细的解释，在此不作罗列。出版单位不仅对新入职员工，还应对多年从事出版工作的编辑进行反复不断的教育和提醒，避免出版物出现导向错误和有害内容。

错误导向内容的出现会给出版社带来灾难。改革开放以来,因出现导向问题而被查处的出版单位时有出现。

错误导向产生的原因主要有如下几个主要方面:

一是作者或作品的价值观有问题,但编辑不能辨别。改革开放以来,社会阶层多样化,资料来源世界化,教育地点全球化,作者队伍复杂化,作品内容也丰富多元,特别是有大量的翻译作品。这些作者的政治观点和政治背景迥异,作品的观点多元,少数作品与我国主流历史观、现实情况不同,但会因形式上的新鲜感而触动人们的思考,这本不是坏事,也无法避免,但作为出版单位的编辑应有自己的判断。什么可以出版,什么暂时不能出版,什么虽然可以出版但有个别表述不妥……这需要编辑认真把关,明辨是非。发现图书整体有价值但表述不妥的,编辑应与作者商洽或说服作者修改;如作者坚持不改,要么放弃稿件,要么明确说明并提醒读者注意辨别。作品整体导向有问题,会带来社会价值观的混乱;有些作者名气很大,或作品在国外畅销,但明显不适合我国读者阅读,应立即放弃出版。如果编辑不能辨别,或自己尺度把握不准,就很难断准作品的导向。

二是编辑的导向有问题。编辑自身的导向问题源于长期形成的世界观和价值观。少数编辑接受偏误的观点和思想,不善于从多角度和全方位看世界,看问题角度狭隘;阅读集中于某个方面、某个学派,不能辩证地看待历史与现实,不能从满足人民美好生活的宗旨去做出版,更多情况下是从符合自己喜好的作者和作品中选择选题。这种情况虽属少数,但始终存在。

三是出版社整体导向发生偏差。出版社或编委会班子偏重于某一类选题，或过分倚重于主要负责人的出版观；具有同人性质的作者集聚，重要作者队伍的价值观相同但非主流，久而久之形成作者队伍的整体风貌。

四是出版流程问题。在每年众多的选题储备中，出现导向不太正确的选题很难避免，即使是很好的选题，也未必保证句句正确。作者的资料来源和认识判断的失误，书稿中的每一个结论都不能保证百分之百正确，这没有关系，编辑因个人判断力而出现问题也难免，这时候三审三校特别是二、三审显得尤为重要。无论是从理论还是从实际操作看，二、三审对一部书稿的导向性问题更敏锐、更有判断力。如果二、三审虚设、流程虚过，"魔鬼"便会溜出。

有导向问题的图书能得以出版，还可能是在流程上忽略了选题论证会的作用。选题论证会是出版单位把握导向的第一道关口。选题论证会上人员众多，有总编辑和编委会全体成员。只要认真准备和详细论证，大家在听取责任编辑介绍选题内容和作者的同时，应该会注意到某些选题或书稿可能会出现导向问题；如果认为可能，总编辑或编辑部主任或编委会成员应提出调阅书稿；如果仅仅是选题，应提醒注意导向把关。这一点，出版单位编委会成员责任重大。

五是经营困难的单位有可能会弱化社会效益首位标杆，放任对经济效益的追逐。经济效益差会导致两方面的扭曲，一是

与好友、上海人民出版社原社长王为松（右）在川西

出版单位的集体行为变成以编辑创利为导向的纯逐利行为,导向容易失控;二是单位整体过分追求畅销书和市场表现,以打擦边球的方式赢得市场追捧,忽视或淡化导向。

总结以上导向容易出错的五条重要原因,自然也就找到了避免的方法。

尽管如此,必须客观地看到,导向问题是一个极端重要又十分复杂的问题,这是因为"导向"既是一个历史问题,也是一个主观问题。

说是历史问题,是因为不同的选题在不同的历史时期会出现不同的判断。比如本书前文所讲《尼罗河上的惨案》出版一案,在 20 世纪 70 年代末、80 年代初主管部门负责同志认为此书有导向问题,但事实上没有、后来也认为没有问题。

1979 年,浙江人民出版社出版美国著名女作家米切尔《飘》的上册,中册和下册还未出版,便在社会上引起巨大"舆情"。上海一家党报连续发表《〈根〉热到〈飘〉热》《〈飘〉到哪里去?》,拉开批判架势。面对如此舆情,换成今日全国任何一家出版单位的主办单位负责人,或许早已是惊恐万分,会立刻通知全网下架全部上册,立刻停止出版中下册,甭管是否看过图书或了解美国文学史。可是,当年的浙江省新闻出版局局长马守良在 1980 年 5 月全国出版工作座谈会上,面对着时任中宣部部长王任重同志,顶着巨大压力,慷慨陈词,给与会的后任新闻出版署署长宋木文同志留下极其深刻的印象。多年后,宋木文同志在其《亲历出版三十年》中全文转用当年马守良同志为《飘》进行辩论的发言稿，并披露邓小平同志对《飘》出版的肯定。①

说是主观问题，是因为不同的人有不同的看法和标准，即使主管部门的领导同志也可能存在具体认识的不同。但不管如何，出版单位总体应谨慎更好。我曾和上海一位出版社资深领导就这一问题进行了深入而形象的探讨，我们都认为，从学术的角度看，选题可以有一定程度的探讨，但不能逾矩。他倾向于离警戒线 50 米，而我认为可以离 25 米，但绝对需要在界内，绝对不能打擦边球。他开玩笑地对我说："如果政策突然一紧，你先碰线。"

质量问题成因

出版质量是一个古老但又常话常新的问题。行业内有"无错不成书"之说，看起来是一句逃避责任的话，但符合认识论规律。人的认知无止境，发现问题的能力也不是十全十美。人不可能一辈子不犯错误，同理，一本书很难查不到一个错误。即使是伟大人物的官方文集，经过顶尖编辑和校对人员几十次的核查，有时也会发现不易察觉的错误。一本书不是一篇文章，加上

---

① 宋木文：《亲历出版三十年——新时期出版往事与思考》（上卷），第 83—85 页。

出版的书太多,也不可能多人反复核校一本书。

根据国家标准,抽查一本大众类图书 10 万字,差错率低于 1/10000 的是合格,而超过 1/10000 的则为不合格。每次检查行动一开始,从编辑到社长,从出版社到出版集团,相关人员往往夜半惊心,汗流浃背;在各类检查结束后,一旦公布结果合格,从责任编辑到社领导都会额手称庆、欢呼雀跃。

国家对图书质量的重视程度从未放松过,20 世纪 80 年代就提出提高质量的要求。多年来,主管部门多次开展"质量行动年"等活动,近十年更是每年数次对不同类型的图书进行专项质量检查并对检查结果进行通报,各省也会同时进行专题或整体抽查。针对抽查中发现的情况,省局、出版单位主管部门特别是地方出版集团会对出版单位在书号分配、选题申报、编辑奖惩、职称评比方面进行综合处理。随着这项工作持续深入的开展,近几年出版物质量略有好转。如果持续开展更大力度的监管,质量会逐年提高,不合格产品也会越来越少,优等品会越来越多。

我任出版社社长时,对质量问题产生的原因进行了深刻的反省,并按政策对出版不合格产品的编辑进行了处理。每年年初的工作推进会,我都会让不合格产品所在的编辑部主任向全社做检查。我任凤凰传媒总编辑后,采取了同样的做法,让产生不合格产品的出版社总编辑在凤凰传媒编委会上做检查,列举质量问题,剖析问题原因,提出整改方向。对于国内其他出版单位产生很大影响的质量问题,凤凰传媒编委会会召开专题会,各单位领导在会上"见不贤而内自省"。从 2020 年开始,凤凰传媒实施"质量提升三年行动计划",各单位高度重视,情况有好转。

图书质量问题产生的原因,很多人从不同的角度进行了分析。迄今为止,总经理佘江涛在 2018 年凤凰传媒半年经营分析会上进行的系统总结和分析较为全面,给我留下深刻印象。他认为质量问题产生原因在于来稿本身差、跨专业出版、编辑专业水平不够、民营合作太多、编辑工作量太大等五个方面。

我赞同佘总的原因分析,在以后的工作中反复验证并结合个人体会阐述了我对"佘五条"的理解。

第一,来稿质量不高。这是质量问题产生的首要原因。稿件是编辑的基础。来稿观点清晰、语言规范、引文准确、逻辑严谨、表达正规,能抵得上后期编辑一百倍的努力。一般情况下,个人名家的稿件水平总体较高,而无名作者力小负重,往往力不从心,错误也较多。有时候,即使是名家组织但由多人撰写的作品,往往因时间匆忙,名家来不及认真统稿,前后表述和体例不一,内容重复,质量也难以保证,容易产生质量问题,特别是名家挂名、事实上由助手或学生承担写作任务的作品,质量也会大打折扣。因此,要保证作品的内容和编校质量,来稿源头要认真把握。

第二,跨专业出版。我国历来实行严格的出版专业分工制度。在申请成立出版单位时,各单位都会将申请单位的专业列明，而国家出版行政部门在批准时也都会附上被批准单位的专业范围，对教辅、字辞典、法律、养生等方面的出版进行严格的资质审定。初始成立的出版单位，一般会遵守所批准的专业分工，如人民社一般不会出版医学图书，少儿出版社也不会出版古籍图书。但随着时间的推移，一些出版单位的专业观念趋于淡漠，往往会向多学科方向发展，将现有编辑带进空前陌生而迷茫的领域。有古籍出版社出版数理化生读物的，有少儿社出版古籍图书的（美其名曰古籍大众化），有科技出版社出版现当代文学和古典文学的……然而，编辑不是万能的，科技出版社的物理编辑也许不会编妇科类图书，人民出版社新闻传播专业毕业的编辑有可能分不清枪与矛的区别。隔行如隔山的道理在出版领域得到充分应验，在自己不熟悉的专业领域进行编辑，极大概率会出现很多错误和笑话，比如众所周知的"常凯申"和"双鸭山大学"等。

第三，编辑的专业水平不够。与上文跨专业的编辑不同，如果编辑专业水平不够，即使在编自己专业领域的图书，也可能因为水平达不到而不能发现作品的错讹。这一点不难理解。

当然，这并不是说编辑一定要达到作者水平，事实上编辑几乎不可能达到优秀作者在本专业的水平。一位优秀编辑会在两方面进行弥补，一是不断学习专业的最近成果，提高自己的专业水平；二是勤能补拙，通过大量查阅、多处质疑、向老编辑求教以及与作者的反复核实来弥补自己的专业不足。众所皆知的周振甫先生为钱锺书编辑图书的佳话正是这一道理的诠释。周先生尽管学术眼光独到,学术修养深厚,但他在编辑"文化昆仑"钱锺书作品时所体现出来的专业态度和敬业精神,值得许多编辑学习。

第四,民营合作过多。在前文我曾说过,在我国有一大批事实从事出版的"民营出版商"。他们自己策划选题,印前完成二审二校交出版社终审终校,或是自己不从事编校工作,完全交出版单位进行,或自己完成事实上的三审三校,再交出版社进行形式上的三审三校。民营合作产品理论上与出版社自己来稿有相似对应的出版流程,但在以下三个因素的作用下,容易产生质量问题。

1. 书稿数量太大。根据我多年的工作经验和对图书市场的观察,我国目前市场发行的民营图书公司和国有出版单位的自营产品大约各占半壁江山。主管部门多次痛斥人均编书量太大的症结,某种程度上在于相当一部分编辑背负着为民营选题编稿的重任。

2. 编辑责任心弱。为民营公司编稿,大部分是固定收益。稿件好坏、效益高低与民营公司有关,与出版社与编辑个人不挂钩。编辑根据字数的工作量提取效益奖金,其收益与质量无关,于是责任难以压实。如果是民营公司自己承担三审三校的书稿,出版社只负责形式上二审二校和实质上的第三审第三校,理论上要比出版社自己负责三审三校图书的质量要好一点,因为经过了重复的终审终校。但如果民营公司的"编辑"流动性强，人员培训不足，基础不扎实，而出版社的终审终校因为基于前期已经由民营公司发生过"编校"，反而会产生疏漏。

3. 弱编辑把关。除少数出版单位将与民营合作视为取长补短、边合作边学习的重要机遇外，与民营合作较多的出版单位往往将没有策划能力、不能独自开拓市场的编辑为合作单位"把关"。即使与民营合作的产品获得很好的社会效益，比如获得各种大奖或良好的经济效益，社里上下往往冷淡如水。如果被祝贺，责编也往往回一句"是合作书"。荣誉感缺失使责任编辑认为在做一件与自己无关的事情。在这种情况下，编辑多看一遍、多花一个钟头都是受罪，岂能将质量做得尽善尽美？

如果与民营合作的量太多，则质量漏洞就会更多。

第五，编辑工作量太大。近十几年来，每年出版的图书品种大幅增加，但全国编辑总人数并无同比例增加。编辑作为内容的把关者，其生产时间是有限的。在同样的时间内看更多的稿件，要想获取同样合格的质量较难，这个道理简单明了。

除了"佘五条"之外，根据我多年观察，发现还有一条原因，在于出版单位的制度缺陷。长期以来，出版单位为保持编校质量的高水平，制订了长期执行的质量管控制度，形成了较为缜密的层层纠错办法，如江苏的南京师范大学出版社、江苏凤凰科学技术出版社和译林出版社等。但是，还有很多出版社每年不断出现质量问题，很少是因为没有执行制度，而是制度本身有根本缺陷。这些单位有三审三校制度，有选题论证制度，甚至有更严格的质量事故处罚办法，在质量事故发生后受到处罚的编辑多，罚款比别的出版社多，除了省局罚、集团内罚外，还有本社追加的惩罚，但在重重惩罚之后除编辑更不敢编书、远离出版行业外，质量提升效果并不明显。细细考察，发现这些单位本来要全社和全环节承担责任的质量事故，均由编辑个人承担主要责任：罚款由责任编辑承担大部，职称被缓聘或低聘，通报也只有责编个人"上榜"。这看起来是落实单位质量管理规定，实质上却掩盖了制度的不公和单位生产机制的缺陷。

假编辑部和假主任

出版单位在效益较差或管理较弱时，其组织战斗力便大打折扣，形成了一种我称之为"假编辑部"的形态。在这样的"假编辑部"里，人人都是未能形成分子活动的原子，只见个体不见整体。

"假编辑部"具有如下奇特特征：

一、扁平化的假科层。上有出版社，中有若干编辑部，下有编辑部成员若干，看似科层的组织架构，却是中间层虚化的扁平化的组织。社长或分管领导直接对接编辑。编辑部没有整体选题，而是编辑个人选题的简单结合；上报出版社选题论证会时，编辑部"主任"对"下属"上报的选题一无所知,毫无感觉。

二、假主任。主任一般是创利能力最强的人。在假编辑部繁盛的出版社,社长是最爽、最懒的人。他的所有工作可以概括成三个方面:1. 年初下达各编辑部指标、年底核验指标是否完成;2. 中间大部分时间就是在批准报销单据;3. 日常工作就是参加上面的各种会议并回来传达会议精神。一个单位要完成上面的指标,就必须找到能完成指标的人,那就是创利能力最强的那个人。只要他们能创利,指标能完成就行,管他出版的书是什么内容。

三、在分配机制上,假主任不管员工分配。他的所有绩效与编辑部无关,只与自己创造的效益有关;他部门每个人的收入都由财务部人员结算,一书一本成本卡,一人一份收益账。

四、假主任不管部门员工的成长。因为没有利益冲突,没有集体项目,无需为部门任务的分解和奖金的分配多费周折,各人只拿自己创造的一份收益。极端情况下,主任甚至不愿带队伍,因为带队伍极有可能带出好的员工而丢失自己的作者资源。在这种情况下,假编辑部的氛围却出奇地好,没有冲突,每天迎来送往好不热闹。

在假编辑部中,主任在理论上和事实上都对二审兴趣不大。对他来说,二审是额外的任务,虽然也拿主任津贴,但与他自己因创造效益而获得的分配收入相比可以忽略不计,更因为二审花费他较多的时间。如果编辑部员工多,选题够丰富,二审将占据他太多的时间,影响他自己项目的开发和效益创收。

在三审三校中,"二审"居于核心地位。如果认认真真进行"二审",无论前述导向问题还是质量问题,都会发生根本的改变,而要真正让编辑部主任履行"二审",就必须从根本上废除假编辑部。凤凰传媒从 2021 年开始启动的"质量提升三年行动计划",便是紧紧围绕"二审"这个点开展的。

第二章

侵权

在出版活动中,经常会遇到各种各样的法律问题。一些大的出版单位会设立法务部,或另取一个很怪的部门名称——版权法务部(或"法务版权部"),而绝大多数中小型出版单位则没有专门的法律部门和法律人员。事实上也没有必要,因为相当优秀的大学法律系学生毕业后,往往从事专职律师工作,收入较高,一般不会专心、也不会醉心于一个出版单位的法律问题,而出版单位专职录用一个法律系优秀毕业生成本很高;由于案件不多,法务人员也不会经受多种法律实务的锻炼,实战经验难积累,多年后往往变成联系律师的职员,因此,出版单位聘用法律顾问是比较实用和经济的做法。不过国有单位的老毛病和思维定势就是强调什么东西重要,本能而习惯地会增设新的部门和增加新的人手,很难做到民营公司设立一个综合部门,每个人什么都干,一专多能。

出版单位与其他单位经常遇到的日常法律问题在此不探讨,比如劳资纠纷、合同纠纷、破产清算、领导贪污、员工斗殴等,这些方面我很少遇到也无经验。本书只讨论只有出版单位才会经常碰到的、与出版行为相关的法律问题。

根据我几十年来的观察,出版单位最常遇到的是一些民事侵权案件,包括侵犯作者著作权、肖像权、名誉权,以及被别人侵犯著作权。作为出版单位,应当尽量避免侵犯他人权利,而一旦被别人侵权,则应立即行动。

侵犯著作权

著作权，也称版权，是法律赋予作者因创作而对作品享有的专有权利。

著作权即版权，它们系同义语。很多出版人搞不清这两个概念之间的关系，也经常听到一些令人啼笑皆非的说法，比如少数无知的出版社领导常常对着作者大吼："你拥有著作权，我拥有版权""版权就是出版权""不出版哪来版权"，等等。

版权很复杂，也曾经被称为"鬼法"。版权与独创（独立创作）有关，却不一定是原创（未必是首创）。当然下这个结论的前提是要明确独创与原创的关系，这本身容易使人头昏；版权不需注册即产生，因而难以保护；侵权容易却不容易被发现；更为头疼的是，在数字时代享有版权的作品容易被洗稿而难以察觉……还有很多似是而非的规定也增加了版权理解的难度。

对出版者从头至尾系统地讲述版权法不是本书的任务。本书只对与出版者相关的版权知识作简单而通俗的阐释，帮助出版单位避免误入陷阱，尽管无数出版单位曾落入此阱、吃尽苦头。

修改权

修改权是指作者拥有修改自己作品以及授权他人对自己作品进行修改的权利。这项权利除作者自己或经作者授权的人可以行使外，其他任何人都不得行使。但著作权法规定了三种例外。第一种例外是报刊可以对决定刊用的作者来稿进行修改，但这种修改仅仅是为了版面需要，同时修改不应损害作品的完整性权。这个条款暗含报刊有权进行内容修改。第二种例外是出版社对图书来稿可以进行文字修改，但这种修改纯属技术性的，比如修改错别字和病句；如对内容进行修改，则必须经过作者同意，这与报刊有所不同，这一点必须细察，我分析是因为图书没有一个版面容量的问题。

对编辑来说，因为专业水平有限，将专业作者正确的内容修改错了的故事并不少见。我曾听闻，在收到知名科普作家的稿件后，一位编辑对作者对南美洲一条特种鱼的描写产生了疑惑，当他编到文中"这条鱼瞪着炯炯有神的四只眼睛"时哈哈大笑，叹息科普老作家年纪大了竟然出现了这样的常识错误，便小心翼翼地用红笔将"四"字改成"两"字，同时为自己发现这样的关键错误暗自庆幸。作品发表后，科普老作家受到了同行的批评，批评他对于南美的这种四眼鱼竟然不知，老教授惊愤不已。

对作品的歪曲和篡改

一部作品是作者人格和智慧的延伸,反映了作者独特的思想和情感,对作品的任何改动与变化、穿凿与附会,都侵犯了作品的完整性权。根据这一权利,作者有权制止任何对作品的歪曲、篡改和肢解行为。如果摄影作者同意将自己的摄影作品交出版单位出版使用,在作者不知情的情况下,出版社将作品用在低俗的图书上,或将照片进行肢解,甚至将女模特儿的头像嫁接在裸体女郎的照片上,就侵犯了摄影作品完整性权。江苏某出版社早期翻译出版一本拉美作家的作品,未经作家许可,将作家反对欧洲某国家社会主义进步思潮内容完全删除,只留下作家反对纳粹的内容,受到作家的抗议,认为中文版没有反映作家的整体价值观,歪曲了作品。

侵犯著作权人获得报酬权

需要指出的是,即使是使用者付了酬,但如果未按国家规定或双方约定的方式付酬,也属侵权行为。这里面有两种情况,一种是合同违约,未按合同约定付酬;另一种是本来应该支付报酬却坚决不付酬,如擅自选编他人的作品,如不经外国版权所有者同意偷偷翻译他们的作品出版发行。当然后一种情况多发生在

20 世纪 90 年代,在今日版权观念深入人心的情况下极为罕见。另外在双方规定之外擅自加印发行(过去在音像领域称为 B 版),让作者搞不清印了多少、复制了多少,也属于侵权行为。

编写教材教辅侵权

我国有一半以上的出版社都会出版学生读物,众多经济效益不错的单位更是以出版学生教材教辅为自己主营中的主营。一个经济状况较差的出版社一定会向主管部门哭诉他们没有教材教辅出版的烦恼,而力图奋力改变弱社面貌的新任领导无不绞尽脑汁地开发各类学生读物。这不奇怪。世界上大型出版公司多有自己的学生读物,包括高等学校的教材和中小学生教材,更何况在以升学考试作为判断学生成就和学校老师业绩的唯一尺度的偏见下做出版呢? 学生读物使用面广,发行量大,在教学大纲或课程标准不大变化的情况下,一本优秀的教材教辅可以使用多年。在这种情况下,出版者往往会忽视作者的版权保护。

中小学教材(教科书),需要政府的审核和批准并依据政府的意志进行编写,教材的编写是具有一定政府意志的行为,最近也常有人说教材编写是国家事权,更何况需要将最优秀的作品编进教材才能利国、利民、利学生。在这种情况下,《著作权法》对被编进教材的作品的著作权进行了一定程度的限制,规定编写教材可以不经作者同意适当使用作品的片断或小幅作品,这是就是"法定许可"。(《著作权法》第二十五条:"为实施九年制义务教育和国家教育规划而编写出版教科书,可以不经著作权人许可,在教科书中汇编已经发表的作品片段或者短小的文字作品、音乐作品或者单幅的美术作品、摄影作品、图形作品,但应当按照规定向著作权人支付报酬,指明作者姓名或者名称、作品名称,并且不得侵犯著作权人依照本法享有的其他权利。")

但是,出版人须掌握出版教材使用"法定许可"的四个前提:

一、中小学九年制义务教育。各类家教、补习班或老年大学教科书不适用,即使是小幅使用。南通某市民为妻儿拍摄的在春节观赏花灯的一幅照片发表在《南通日报》上,被某出版社编入南通地方乡土"教材",该市民遂将出版社起诉至法院。出版社以"地方学生教材可以适用法定许可"予以答辩。南通法院对著作权法适用法定许可的"中小学生九年制义务教材"进行了解释,认为本条所涉及教材应为国家或省级教育行政部门审定的"中小学生课堂用书",南通本土教材不适用。

二、小幅或少量使用。这意味着绝不能把莫言、王蒙、格非、毕飞宇、黄蓓佳等大家的整本小说纳入教材。

三、按规定支付报酬。法律已经可以允许出版人未经同意使用作品,绝不能得寸进尺地不给报酬。这样的使用可以不必经著作权人同意,使著作权人丧失了与出版人议价的权利,因此,出版人是十分高兴的。法律规定按"规定"支付报酬,而规定往往是比较低的。

四、注明出处（著作权人和作品名称一并标出）。

法定许可不可扩大至教学辅导读物即教辅的编写与出版，这给很多教育出版人增添了不可逾越的心理障碍和行动障碍。

不过，这还不是问题的核心。问题的核心是：编写教辅是否需要获得教材编写者的授权？这一问题争论了二十余年，各地发生了风起云涌的相关诉讼案件，我也亲历了数个重大案件，也曾以出版人、法律工作者、版权工作者的多种身份参与了无数次讨论和辩论。尽管我对此琢磨日久，但我多年的老朋友、媒体人鲍红对这一问题跟踪多年，采访过无数专家、学者、法官、律师和出版人，且比较了多地法律对这一问题的不同规定，形成了极为完善的研究（当然，她也多次采访过我），因此，大家在网上查询她的有关研究结果可以明白得更多。

教辅门类多样，其实涉及此问题核心的、也是学生最"需要"（究竟是学生需要、家长需要还是老师需要也很难说）的有两大类：同步教材讲解和同步试题，因为这两类教辅构成对教材体系、框架和内容的利用，其他刷题类、复习考试类、强化提升类、奥赛阅读类等与教材的联系则非常松散。

判断是否侵权不能凭各自立场，也不能自说自话，应根据法律和事实进行推理；如果法律不能涵盖，则应根据法律制定的本意来推断。

判断编写教辅是否侵权的法律依据是《著作权法》中的两处

条款:第十五条的"汇编若干作品、作品的片段或者不构成作品的数据或者其他材料,对其内容的选择或者编排体现独创性的作品,为汇编作品,其著作权由汇编人享有,但行使著作权时,不得侵犯原作品的著作权",以及第二十四条"在下列情况下使用作品,可以不经著作权人许可,不向其支付报酬,但应当指明作者姓名或者名称、作品名称,并且不得影响该作品的正常使用,也不得不合理地损害著作权人的合法权益:……(二)为介绍、评论某一作品或者说明某一问题,在作品中适当引用他人已经发表的作品……"

如何适用上述两条?理论上,对于编写教辅,教材出版单位更高兴才是,一是说明其教材的广泛受欢迎和使用程度,二是编写教辅是有助于更好地理解和学习教材。正如编写马克思主义哲学原理、释义、讲解类,如果马克思在世应当异常高兴;《唐诗三百首》赏析类,如果唐代诗人在世也应兴奋不已。不过,如果马克思和唐代诗人主张著作权,也合情合理合法,因为,各类讲解者如果不按照上述条款,把他们全部的著作全部拿来解析一下,马克思和唐代诗人靠什么生活呢?

对这两条如何执行,国家版权局于2003年10月17日提出了《关于习题集类教辅图书是否侵犯教材著作权问题的意见》,这是对著作权法两条最好、最细、最准确的解答。国家版权局的意见是:

一、根据著作权法第十四条①,构成汇编作品的教科书,在其内容的选择或编排上是具有独创性的,应受到著作权保护。

二、如果某教科书在内容的选择或编排上具有独创性,他人按照该教科书的课程内容和编排顺序结构编写配套教辅读物,应视为对该教科书在著作权意义上的使用;在未经必要许可的情况下,这种使用即构成对该教科书著作权的侵害。

三、除上述保护教科书类汇编作品的一般原则外,对于按照九年制义务教育和国家教育规划编写的与教科书配套的教辅读物,则应具体问题具体分析。在这种情况下,只要教辅读物中没有再现教科书的内容,即不侵害教科书的著作权。

不过,即使是如上最完美的答复,也不能解决实际情况下出现的如下两大难题:第一,如何判断在内容的选择或编排上具有独创性? 什么样的编排没有独创性? 第二,什么是再现? 多大规模是再现? 为讲解教材、复习重点、对症练习,不再现教材中内容怎么可能?

---

① 这是原 2001 年修改生效的著作权法第十四条,在现著作权法(2021 年 6 月 1日生效)中为第十五条。

著作权法"鬼法"特征淋漓尽致地表现出来了。

南京市法院曾经判定,教辅编写者是依据教材编写教辅的出版单位,如果仅仅是目录、结构、顺序和个别字词句相同,则不侵权,除非再现教科书的内容。其确定的原则及理由大致如下:

一、汇编作品著作权的侵权应当体现为双方编排的结构、顺序、体例以及与之对应的内容(包括作品或非作品)均相同。如果表现为仅仅是对相关内容编排的顺序、体例的名称等相同,而其中的内容不尽相同,则应当视为对不同作品或者材料的选择与编排,不能认定为侵权。

二、教科书的主要内容是课文,并按各篇相互独立的课文顺序编写。而涉案教辅图书,主要内容是由编撰者编写的练习及答案,属于习题类图书。虽然教科书中的一些字、词、句、段落在教辅中有所再现,但这只是为满足编写与设计教辅图书中的习题和问题的需要,对教科书的相关字、词、句、段落做的摘取。因此,从整体上说,两者内容不尽相同,仅目录这一外在形式相同。在此情况下,教科书和教辅书的目录仅起到索引与指示的作用。

三、教辅类图书采用与教科书相同的目录,是由教科书的性质以及两者的依存关系决定的。《中华人民共和国义务教育法》第三十八条第一款规定:"教科书根据国家教育方针和课程标准编写,内容力求精简,精选必备基础知识、基本技能,经济实用、保证质量……"因此,无论哪一版本教科书的内容都必须符合国家教育方针和课程标准,选定的学习内容必须体现基础教育的性质和学科教学目标,并涵盖必备的基础知识和基本技能。

四、国家实行教科书审定制度,语文等国家课程教材经全国中小学教材审定委员会审定通过后才能使用,而且一经审定和选用,教科书即在一定地域范围内被学校和学生普遍使用,成为教师教学和学生学习的依据和标准。从上述意义上说,教科书具有一定的普适性、强制性、规范性、示范性和公共性。教辅图书对课程标准要求的教科书中有关知识点的理解与掌握,以及义务教育内容的普及和实现起到一定的辅助和推动作用。因此,正如教科书配套的教师用书一样,与教科书配套的教辅图书的编写必须以教科书为基础,依附于教科书。教辅图书与教科书的这种依附性,决定了与教科书配套的教辅图书必然尊重并依照教科书的编排顺序目录来编写,否则,会给学生带来使用上的不便与混乱。

五、涉案教辅图书再现教科书中的重点字、词不构成侵权。教科书中的重点字、词,是国家课程标准中要求中小学生必须掌握的基本生字和词汇。因此,任何一版本的教科书和教辅图书都可以使用这些字词,并针对这些字词设计相关的练习等内容。同时,单个的字词并不具有著作权法意义上的作品的独创性,不能构成作品。

但是,涉案教辅图书再现教科书和教师用书中的问题、练习、答案,以及对课文、习题、课文资料的分析与说明等内容则构成侵权。

北京市知识产权法院就曾在某一案件中肯定了一审法院对教辅图书侵权的判决,并确定了两条重要的原则和理由,即语言类教辅是否侵权必须将体例等形式与内容是否再现综合一并考量:

一、语言类教材的编写,虽然必须符合规定的课程标准,但教材在体例及内容上并无固定模式,有较大的创作空间。编写者可以根据教材自身所依据的教学理论、所设定的教学目标、所针对的教学对象、所采用的教学方法创作完成,并满足教材使用者教授、学习语言的需要。语言类教材在体例及内容上具备存在独创性的可能。

二、作品的形成除章节、体例等形式结构外,还必须与相关内容相结合。脱离内容的主题及栏目,并不构成真正意义上的作品。其他作品如果仅形式、结构与原作品相同,不属于对原作品的实质性的使用。

如果体例、结构等形式相同,再加上内容具有相同性,则构成侵权。

令人对著作权法造成理解困难的是 2011 年 8 月 16 日新闻出版总署《关于进一步加强中小学教辅材料出版发行管理的通

知》。该通知中"根据他人享有著作权的教材编写出版中小学教辅材料，必须依法取得著作权人的授权"的规定给教材出版单位吃了坚实的定心丸，也是对国家版权局 2003 年意见的间接否定，业内一时充满疑惑。在这种情况下，我曾经的老领导、时任总署法规司司长王自强的对外答复颇耐人寻味。他大致肯定了 2003 年国家版权局意见的正确性，并提醒大家根据著作权法的精神来理解总署的文件。（"总署法规司特意澄清，它不是任何解释的替代，只是《著作权法》基本精神的重申。至于侵权的界定，要根据相关的法律规定来判断。"①）

侵犯美术与摄影作品著作权

书信、美术与摄影作品的著作权是出版人常遇到的一个著作权问题。之所以如此，一是因为书信、美术与摄影作品经常遇到有形物品的所有权与无形物的作品著作权发生分离的情况。书信的著作权属于撰写者，但持有人拥有物权，美术作品也类似。美术作品的创作者很少自己拥有原件，也容易发生著作权、物权两权所有者的分离。二是因为这类作品如果发生两权分

---

① 鲍红：《关于教材教辅版权关系的几点建议》，《中国图书商报》，2012 年 9 月 20 日。

离,就会产生发表权难以由著作权人控制的尴尬局面,而如果不发表,权利则始终没法实现。另外,现在的图书很多形态是以图文形式呈现的,而互联网上的图片空前丰富,因此相当一部分出版人纷纷从网上下载图片。因为太容易取得,出版人要么以"合理使用原则"为自己辩护,要么在书中以"公告"的方式告知权利人尽快与其联系付酬事宜,形成"既成事实"。

名人书信是出版人乐此不疲的出版内容,特别是一些知名的出版人与伟大的作者因长期往来联系形成了大量的信件,很多是无价之宝。江苏老一辈出版人李景端是译林出版社的创始人,与钱锺书杨绛夫妇、萧乾文洁若夫妇等众多名家长期往来,形成大量信件;省内另一位老出版人张昌华先生也如此。他们都撰写了专门的著作,回忆与这些名家的交往史和出版史,其中不乏来往函件原件公布。美国著名出版人巴尼·罗塞特在其自传《我的出版人生》中,也是大段地引入他与亨利·米勒和大江健三郎的书信。在这些出版物中,似乎中只有李景端先生的《我与译林》在出版后收到钱锺书杨绛夫妇生前委托的经纪人来函,称书信未经同意不得出版发表,否则侵权。为此,我应报社之约撰写了篇小文,谈了书信与美术作品著作权的特殊性。

案例 ｜ **关于书信版权的几点思考**

版权法保护的客体是文学、艺术和科学作品,而作品包含的形态非常广泛,表现形式也多样,其中文字作品数量最多。在探讨一部"作品"的版权问题时,必须从三个维度进行分析:是不是版权法所保护的客体?如果是,其内容是什么?如果符合以上两个条件,权利主体行使权利时有无限制?

最近李景端先生《我与译林》的出版,因为选用部分作者来信,产生一些版权问题。为此,我对这一问题进行了思考。结合以上版权分析的三个维度,罗列如下,就教于方家。

第一,书信是否一定构成版权法保护的作品?书信作为文字作品的一种,似乎理所当然地成为版权保护的作品形态之一。书信作为人类沟通的一种媒介,存续时间之长几乎与文字诞生同时。人们用文字表达自己对人、事、物的看法,通过书信往来,传递给收信人,体现了写信人的价值观念和情感意趣,大部分构成了一部作品,具备了版权法确定的"作品"。但是,对于作品是否需要具备一定的水平才受版权保护,却是版权法颇具争论却仍未有定论的问题。有很多人认为,作品必须具备一定的水准,能为人所感知、阅读乃至欣赏,才能成为一部作品。版权界曾讨论一首只有"网"一个字的诗能否成为作品,多人就认为不能成为一部版权法意义上的作品;一个孩子的涂鸦和哼唧乱唱,似乎也不能称之为一部作品。书信如果仅仅是一种信息表达,不具备成为"文学、艺术或科学作品"的特质,也很难由版权法来保护。在没有电话之前,特别是手机出现之前,捎带口信便是一种信息传达的方式,不能构成文字作品或口头作品。即使是书信,如果是诸如"我将在何时到何处""收到来信,一切都好"此类的信息,也不能构成一部作品。

第二,关于权利的内容。根据版权法的规定,即使符合版权法规定的作品,成为版权法保护的客体,其权利的内容也不完全相同。版权法对各类作品权利的归属进行了十分细致的划分,对各类作品的版权保护期也有不同的区别,并非千篇一律。如职务作品、集体作品、无主作品、电影作品、计算机软件、数据库等等作品,各国法律也没有对这些作品的权利内容、归属、期限作全球统一的规定,有的甚至没有规定。之所出现这样的情况,是因为作品的目的、产生和功用是多样的。比如绘画作品,多国法律对绘画作品的发表权进行了例外规定。理论上,绘画(其实也应该包括其他一些美术作品)的发表权应该属于作者,但因为美术作品具备了双重价值——物的所有权价值和作品的版权价值,且作品的所有权价值在相当程度上超过了作品的版权价值,因此,一些版权法规定,绘画等美术作品的发表权属于或部分属于物(载体)的所有权人,因为物的所有权人如果没有发表权往往使得物权无法行使。除了发表权外,展览权亦如是。

书信的情况与此略相似。书信是复杂的作品,不仅仅涉及隐私权,还涉及物权,因为书信的所有权属于物的持有人。如果书信的发表涉及个人隐私，发表宜慎，但如果不发表，则持有信件人的所有权也没有办法实现，作者的版权亦无法实现，更何况书信有时还是一件书法作品（美术作品）。我们常说，版权和所有权是"两权分离"的，但在所有权和版权所有者主体分离的情况下，为保证两种权利的实现，双方似乎形成了某种程度上对"发表权"和"展览权"的一种默认让渡或授权。这也是世界上无数展览馆或博物里天量书信存在而没有争议的原因，也是自古以来大量"两地书"或"书信集"出版物产生的原因。

第三，探讨版权法某一具体规定必须探讨版权法的立法宗旨。法律解释学的一个重要方法是立法解释。立法解释不仅是效力高低问题，也是追寻立法目的的问题。寻求立法宗旨是立法解释的重要方法。版权法的立法宗旨是保护创作和创作者的权利。创作者的权利是由人身权利和财产权利两部分组成，人身权利是作者人格、尊严和智慧被承认的外化，其行使会使作者产生荣誉感和被认同，因此要防止被擅自发表、修改、篡改和不署名；财产权利是对作者脑力付出和创作所耗费的时间和物质成本的补偿并使作者因此获得收益，因此，作者在创作一部作品时，无一不会想到以上各种权利。但书信的情况十分不同，除了公开信外，大部分的书信目的是在于交流，表达或回应一种看法。在写信或回信时，作者根本没有想到自己的荣誉和财产。没有一位写信者或回信者在从事撰写时想到通过书信实现自己的经济利益或形成荣誉感，事实上也没有。这与寄给出版社杂志社一部书稿有本质的区别。既然书信撰写者在撰写时没有这一动机,而法律的本质是保护这一动机并实现它,那么,版权法对书信的过度保护就偏离了立法的宗旨。

第四,权利有限制。对版权的最严格的限制条款是"法定许可",还有较为轻微的限制是"适当引用"。适当引用是指为说明自己的观点,在自己的作品中适当引用部分或全部他人已经发表的作品。"适当引用"三个必备要素是"自己的作品""已经发表"和"注明出处"。"自己作品"是本,是根,否则就不是"适当引用"而是"复制"式使用;"注明出处"是前提,否则就是"抄袭"或"剽窃"。对于"已发表",我们前面已经说过,书信有别于一般作品,除涉及隐私外,寄送对方、所有权的转移应默认为不反对发表。

李景端先生《我与译林》一书,其中部分使用与作者多年的往来信件,应视为"适当引用"。其中部分书信在之前已出版的作品中,已被信件撰写者所知所读,且没有反对,从另一个侧面,也反映了书信版权的特殊性和对"书信"版权保护的特殊性。

至于摄影作品的著作权,李振盛与冯骥才在《一百个人的十年》一书中的摄影作品形成了跨度十年的纠纷,成为"两个人的十年",不能不引起出版人的注意与深思。该书于1993年出版后,因其对新中国历史上一段长达十年的"乱史"进行深入反思而引起巨大反响,其中由出版单位配插的部分惊心动魄的摄影作品更是与文字作品一起，形成叠加效应，对读者心理产生强烈催化，成为当年图书市场上的一本重磅产品而行销全国。但是，该书绝大部分的摄影作品是由著名摄影师李振盛先生拍摄的。图书出版时，我国的著作权法实施不久，李振盛向南京市中级人民法院起诉冯先生和出版社。这起案件当时被媒体称为"中国摄影著作权第一案"。

原告认为被告未经摄影作者同意使用其作品，未署作者姓名，侵犯了摄影作品作者的多项权利。一审法院判决原告胜诉。虽然原告以及庭审中基本形成冯骥才"未明确反对出版单位在其作品中使用未经同意使用的摄影作品"也应承担部分责任，但最后一、二审法院均判定冯先生没有责任，责任仅在出版单位。我当时作为冯先生的代理人，从事实和法理上进行了较为详细的阐述，一方面的理由是，作为记者的原告在特殊时期的多家报纸上发表的摄影作品系新闻作品，根据当时的著作权法，"时事新闻"是不受著作权法保护的；另一方面提醒法院：这些照片作为"图书"内容而不是"文字"内容进行编排系出版单位的行为，文字作者只对自己的文字作品享有著作权，而不对非自己作品承担法律上的权利和义务，冯先生不但未过问而且没有义务过问，因而不应当承担责任。二审法院采纳了我当时的意见。

当然，在《一百个人的十年》初版十年后、也是案件判决十年后，事情再发生戏剧性的变化。经冯骥才先生授权，由北京某文化公司策划，时代文艺出版社再次出版了此书。李振盛再次起诉到北京法院,提出了与第一次起诉同样的诉讼请求。这次,负责初审和终审的两级法院除了判决出版单位和策划公司败诉外,还判决冯先生败诉,其理由是文字与摄影作品共同构成了"图书整体",冯先生"无论是否参与图书照片的选编工作",对于图书的整体形态都负有注意义务。法院认为,此书"十年前曾产生过版权纠纷",出版单位和作者本人对此清清楚楚,"应对照片涉嫌侵权有所警示"而未履行"注意义务"因而构成侵权。这个判决是正确的。不仅如此,2021 年生效的最新《著作权法》也明确将过去不受保护的"时事新闻"修改为"单纯事实消息",就更清晰地将新闻照片列为法律保护的作品。

这些案件给出版单位以重要启发。出版单位为使图书更具可读性而擅自增加插图(有的仅仅是装饰图案,如尾花),或在封面设计过程中未经他人同意使用他人的美术作品,或从网络上下载图片使用,已经成为专职中介维权机构的重要业务,出版单位吃尽了苦头(曾经尝尽甜头),相当一部分出版单位都反复收到这样的律师函或诉讼状,结果都是既丢脸又赔钱。

侮辱与诽谤:对名誉与隐私的侵害

出版单位产生的刑事案件较少,大部分是民事案件。因为作品的使用与著作权人产生纠纷的案件毫无疑问占了主流,紧排其后的便是合同纠纷。但因合同纠纷在非出版行业也是主要案由,在出版行业不具有代表性。具有代表性的是人格权纠纷。

据金诚同达律师事务所做的分析报告,截至 2019 年 3 月,江苏省新闻出版行业前三大一级案由依次是知识产权与竞争纠纷,合同、无因管理、不当得利纠纷,人格权纠纷;江苏省新闻出版行业前三大二级案由依次是知识产权权属、侵权纠纷,合同纠纷,知识产权合同纠纷;江苏省新闻出版行业前三大三级案由分别是著作权权属、侵权纠纷,著作权合同纠纷,名誉权纠纷。由此看来,以名誉权为主的人格权纠纷是出版单位常遇到的案件,必须引起高度重视。

就像因使用作品产生著作权纠纷一样,名誉权纠纷产生的原因也是因为作品的使用。大街上的互骂、会议上的嘲讽、背地里的揭露都不如出版物传播广泛,即使是网络上的"开战",短期内可能会迅速形成热搜,但也不是覆水难收,因为伤害得快,道歉而回收得也快,一键删除不是一件难事。而图书对他们名誉的伤害,不但传之远,播之久,更是收之难。

《民法典》对人格权进行了列举式的规定,主要包括生命权、身体权、健康权、姓名权、名称权、肖像权、名誉权、荣誉权、隐私权等权利。生命权、身体权、健康权与出版行为的关联度不大,姓名权、名称权与出版行为看似有一定的关联度,但与著作权的署名权意义并不相同,前者与作品无关,后者与作品权利归属紧密联系。单位形成姓名权案由的纷争极其罕见,因此,也不是本节要阐述的主要内容。

尽管新的民法典增加了民事权利主体荣誉权的规定,但荣誉权与名誉权密切相联。法律规定"民事主体享有荣誉权。任何组织或者个人不得非法剥夺他人的荣誉称号,不得诋毁、贬损他人的荣誉"。在现实社会中非法剥夺荣誉的情况非常少,而诋毁、贬损他人的荣誉给权利者的伤害与对权利人名誉的伤害有一定的竞合,行为亦有很大的相似性,因此,单独探讨出版行为与荣誉权的关系意义不大。

侵犯他人名誉权的案件在人格权侵权案件中出现比例很高,且在出版领域常见。有些是出版人主观故意造成的,有些是疏忽大意造成的。

侵犯名誉权的后果,是权利人由于加害人的行为,使自己的名声受损、社会评价度被降低而产生极大的负面影响,有的甚而至于严重伤及财产权利——因为名誉受损而影响商业合作,更严重的导致痛苦以至生不如死并选择"短见"而轻生。在达到一定的程度后,侵权人甚至可能被作为刑事案件被告人而起诉。

出版人卷入侵犯名誉权的案件时,往往搞不清以下三个重要界限,经常觉得自己受了天大的委屈,有的还振振有词。

是不是事实?

出版人在出版人物传记一类的图书中,往往以"内容真实"

为自己辩护。他们认为,对于人物传记或事件涉及的人物描写,只要披露的是事实,就不是对人物名誉权的侵犯。在这种情况下,双方往往在是否真实这一问题上争得天昏地暗。须知,事实有时候不一定很清楚,因为事实都是证据证明的"事实",没有证据的"事实"不是法律上的事实,此为其一。其二,难道叙述真实一定能免除出版人或(和)作者的民事责任吗?很不幸,答案是否定的。

侵犯他人名誉权的行为主要包括两个方面,一是诽谤,二是侮辱。排除对这两个词进行考据式的文字或语意上的准确界定,我们可以大体这么说:诽谤是无中生有、编造事实的加害,侮辱是确有其事而进行描述或评论的加害。诽谤是基于无中生有,或即使有也是夸大或不准,这构成侵权并不难理解;而侮辱则是基于事实,这一点出版人会觉得很奇怪。

基于事实怎么是侵犯名誉权呢?当然,这当中一部分是侵犯别人的隐私。根据《民法典》的定义,隐私,是自然人的私人生活安宁和不愿为他人知晓的私密空间、私密活动、私密信息。自然人享有隐私权。任何组织或者个人以刺探、侵扰、泄露、公开等方式对待他人隐私则侵害了他人的隐私权。隐私是权利人不愿别人干预(刺探、侵扰)或披露(泄露、公开)的事实。

中国台湾著名学者王汎森在其《晚明清初思想十论》中在谈到古人省过会时曾深入探讨过古今隐私权的问题。他认为:

　　大家同意"隐私"是个人在处理人我之间的分际,在与他们相处之时,要暴露多少让他人了解我,这是自古至今不断改变的。……人不能遗世独立,要与人互动才能塑造人格。从此意涵看,隐私是一种对(自我生活)界域的经营与掌控……①

　　从这个角度看,"隐私"不仅仅是指客观事实,甚至还更多是指一种意愿。同样一种事实,权利主体认为是"隐私"就是隐私,如果是隐私而权利主体不认为是"隐私"甚至就不是隐私。如果某官员或富翁披露自己有 30 个女友或曾经离过 10 次婚,自我炫耀就不是隐私,讳莫如深则是隐私。不仅如此,"隐私"问题还与时俱进,这无论是对法官,还是对出版人,都带来了判断上的困难。

　　在网络时代,我们正经历一个类似的情景。2012 年 2 月的《科学》(*Science*)封面标题是"隐私权的结束"(*The End of the Privacy*),耸动地宣称,网络时代人们已经不再有隐私,而这些隐私往往是人们自己暴露出来的,这使得隐私与分享的区别再度成为世人关注的问题。一方面,人们极力保护自己的"隐私",不想让人知道;另一方面,人们可

―――――――

① 王汎森:《晚明清初思想十论》,北京:北京师范大学出版社 2020 年版,第 4 页。

以大量地"分享"自我希望他人知道的部分。有的人认为是"隐私"的,其他人认为是"分享";早先认为是"分享"的,说不定过一段时间会认为那是"隐私";有的时代认为是"隐私"的,有的时代认为那是"分享";有的时代认为只是"分享",在下一个时代则认为是无可让渡的隐私……①

被干预或披露的隐私如果未伤害隐私主体的声誉,则构成侵犯隐私;如果伤害了,则兼具侵犯隐私与名誉。比如,告诉、披露别人身体或外形的缺陷,可能构成侵犯别人隐私权,而反复在公众场合讲述别人的缺陷,甚至用恶毒的行为或语言来渲染别人的缺陷,尽管是事实,也构成侵犯别人的名誉权,如在公共场合反复指着别人说是"罪犯的儿子""老子英雄儿好汉、老鼠的孩子打地洞""人渣之子",或公开场合者说某性功能不行者"无能""废物",在书中用恶毒的语言描述生活中的真人是"恶棍""寡廉鲜耻""一心钻到钱眼里的小人""衣冠禽兽""猪狗不如",等等。出版物中被提到的人可能确有问题,或在做人处事方面曾经犯了错误,甚至确实是罪犯的子女,但出版人以伤害别人名誉为目的,在出版物上如此描写或形容普通公民,便是侵犯了别人的名誉。

著名演员周迅诉上海本周图书公司等文化创作、出版与发行

---

① 王汎森:《晚明清初思想十论》,第5页。

等四公司侵犯人格权的案例,集中了姓名权、肖像权、隐私权和名誉权诸种权利的纠葛、重复,突显了事实与不实的冲突。案件简单,但法律关系复杂。出版单位如能对此案进行详细剖析,反复推演,在今后处理类似问题时便能小心翼翼,避免落入被诉陷阱。

案例 | 周迅的名誉①

一本名为《苦女人周迅》的畅销书惹怒周迅。据悉,该书整本以周迅为主人公,讲述了她或真或假的多段恋情,极大满足了读者的"八卦"心理。然而这本书的出版,周迅本人并不知情。周迅认为,书中多处使用了她的姓名和肖像,捏造虚假信息。因此她起诉该书的相关创作、出版单位,索赔95万元。

周迅在诉状中列举了该书虚假捏造的部分内容。周迅表示,这种严重不负责任的虚假消息,经各种途径广泛传播,给她造成了持续伤害,严重损害了她的名誉权。此外,该书书名、封面、书脊、内页等众多显著位置突出使用了"周迅"的姓名,还使用周迅肖像多达27幅。

因此,周迅将该书的创作单位上海本周图书有限公司和出版发行单位一并告上法庭,要求停止出版发行该书籍,并从市场

---

① 综合《北京晚报》《北京晨报》颜斐等记者发表于2012年2月29日《〈苦女人周迅〉惹怒周迅 露骨描写为"消遣"?》、2012年7月30日《周迅被出书 怒诉出版方获赔》的报道编写。

上收回所有已发行的书籍,索赔各项经济损失 95 万元。

在法庭上,四被告答辩表示,该书并非传记,内容系对以往新闻内容的编排,对周迅充满了敬意、褒扬,没有贬低,没有侵犯周迅的名誉;书中使用的周迅的肖像图片,也都是剧照、颁奖图片,不构成肖像侵权。上海本周图书公司甚至提出,周迅是娱乐圈的人,她对新闻报道以及包含她姓名、照片的内容应当包容,并分辨善意恶意。

法院认为,本周图书公司未经周迅同意使用其肖像,已构成对周迅肖像权的侵害。该公司将大量似是而非的与周迅私人感情生活相关的内容集结成书,以引发读者兴趣为手段,以营利为目的,主观上存在恶意,且内容容易引发读者猜测和误解,导致读者对周迅产生负面认识,因此构成对周迅名誉权的侵害。出版单位对作品内容未予严格审核,也应对周迅人格权受到损害承担侵权责任。

本案最后判决未认定侵犯原告姓名权,只判决图书公司和出版单位侵犯了周的肖像权和名誉权。其实,使用周的姓名和肖像是侵犯周名誉权的手段和方法,如果不出现姓名和肖像,读者或许并不知道谁是被害者;出现姓名和肖像,是侵权行为的手段,似乎也不应该构成单独侵犯肖像权。判决也没有涉及是否侵犯隐私权,这是因为涉及隐私权首先要判断是否是隐私、已经披露过的消息是否仍然是隐私,以及名人隐私权的界限。这都是非常复杂的问题,特别是名人与非名人的划界。笔者认为,已经披露过的"隐私"似乎不再是隐私,而是广为人知的信息,如果对权利人造成伤害,似乎只涉及名誉权的问题。法庭上,在原告代理人对被告出示大量证据证明图书并非无中生有而是依据所有网络报道证据的截屏时,法官说了这样一句耐人寻味也非常精彩的话:

> 庭后核实。请原告庭后明确主张被告的侵权方式,是宣扬隐私还是侮辱诽谤。

请勿对号入座,还是不得不对号入座?

在很多作品(图书、电影、戏剧)的开头或结尾,我们常常看到这样的声明:"本书(电影)纯属虚构,请勿对号入座。"未经历过很多文场官司的读者或观众往往莫名其妙,而经历过类似案件或经风历雨的人则更加迷茫,别有一番滋味在心头。

《苦女人周迅》案件是一个典型案件,因为涉及真人真名。但很多名誉权案件比这件案件更复杂,特别是一些纪实文学或报告文学作品,在虚构和非虚构之间,人物、地点、时间、背景、历史往往似有似无。在这种情况下,与作品中相似的人物若认为自己名誉受损,可否以此为由向作者或出版单位提出民事诉讼?

20 世纪八九十年代轰动一时的《荣誉》《穷》《妖氛》等三起案

件将"对号入座"的法律问题完全呈现出来。每一宗案件的披露都引起了舆论界的狂炒热评,同时引起作家队伍的高度关注。1990 年 1 月法院判决青年作家 T 因创作《妖氛》犯诽谤罪而处有期徒刑一年;1991 年 2 月法院判决作家 Z 因创作《荣誉》犯诽谤罪处有期徒刑 6 个月,缓期一年执行;1993 年法院判决作家 G 因创作小说《穷》属侵权行为……

作家 T 是 20 世纪七八十年代最前卫的作家之一,其散文被誉为"新时期十年散文创作的里程碑",其小说被译成多国文字出版,被誉为"中国文学的前卫"。《妖氛》发表后更是"评论如潮",但将作家送上法庭的却是农民周某某等。三位老人在小说《妖氛》发表后的六百多个日日夜夜四处哭诉,要求惩治使周某某已故的丈夫 W 名誉受损、家人蒙羞的小说家 T。

小说写的是乡下民兵营长 W。他好出风头,脾气暴劣,经常干出一些天不怕地不怕的事情来,一旦得到夸奖便像发了疯似的高兴,但他与人搞不好关系,W 猝死后无处停尸,被苍蝇叮咬而引起人们辱骂,后来又变成了一头牛,牛头上依稀可见"W",见人就跪,于是这个乡成了一个景点,观看者不绝。人们纷纷声讨变成牛的 W:"这贼养的奸人,把我拇指和头发一起吊起来,踢得我来回荡";"把我为女人看病挣钱扛的木头没收,自己转手卖给别人";"以阿苗开自留地为理由,把阿苗家的猪没收,自己杀了吃";"如今你该吃草了"……人们毒打这条牛。在营长的追悼会上,当支书说他"以身殉职,工作一贯积极,享年 39 岁"时,人们哄堂大笑……牛经常遭人鞭打,叫它站起又跪下。营长遗孀很心疼,把牛牵回家,抱着牛痛哭,于是人牛又产生了感情。这种事情惊动了村里,村里人不允许这种人牛情,于是把牛赶到了很远的地方去,妖氛从此没有了。

作家Z的《荣誉》于1988年在《小说界》发表后,又由作家出版社出版,社会反响很大。它写一名作家采访一位全国有名的劳动模范于妙根,准备为其树碑立传,但经过采访,发现劳模原是一位极其自私的人。于谎称旧社会被一地主盘剥,其实这个地主是一个农民,因遭劳模指控含冤死去,多年后农民的儿子找于算账;于妙根毫无人情,其妻与之无感情遂与造反派通奸,被于发现;于为保护名誉不愿离婚,其妻自杀。

引起更广泛争议的是G因发表《穷》而被曾经红极一时的Y告上法庭,最终被法院判决侵犯名誉权的案件。《穷》写靠三条驴起家、成立合作社而名噪一时的黎明社在其成长发展中,社长殷大龙搞权术整人,经济上贪污投机倒把,生活上腐化玩女人。尽管这一切受到本地区正直人士的揭发、抵制和反抗斗争,并经各层组织的查证属实,但殷大龙依然故我,且逍遥法外。

以上三部小说引起的案件判决在当时都产生了巨大影响,一些作家及作家协会对法院的判决深表不满,尤其是《穷》一案判决后,引起一批名作家的激烈批评,指责法院混淆文学虚构与法律捏造之间的关系,更有多名知名作家等直接向法院写信,请求公正执法,一些年轻作家联合32位全国人大代表向立法部门提出一项议案,要求尊重作家文学创作、自由表达的权利,反对对号入座。

这三起案件虽然发生于 30 年前,但案件非常典型,具有样本的分析意义,值得所有出版者深思。30 年来,尽管法律有所变化,当时《民法通则》概括性的规定相对简单,最高法院也只有简单的指导性的答复意见,没有后来关于侵犯名誉权比较系统的司法解释,更没有今日的《民法典》,但法律精神没有发生根本变化,其判决理由和结果值得反复研究和剖析,并避免类似案件在本单位发生。

三篇小说作者或被刑事判罚,或被判决民事侵权,但其行为并不相同:《妖氛》是用真名写一个虚构的故事,《荣誉》是用假名写一个虚构的故事,《穷》用半假半真名写了很多真实的故事。但它们的共同之处在于都是小说。另外,小说中的情节与生活中情节大量相似,现实中的人们都能在其中找到他们的影子,很难不对号入座,且作者与小说中的人物原型都有深刻的联系:T 曾在 W 所在乡下插队,Z 采访过劳模的原型 N,G 与殷大龙的原形 Y 在 20 世纪 50 年代共过事。小说给原告带来的创伤是不言而喻的:原告 W 的遗孀终日以泪洗面,经常在丈夫的坟上哭得死去活来,儿子也离家出走。劳模原型 N 的妻子痛不欲生,几乎家破人亡。

这三篇小说的艺术成就自不待言,小说反映的极"左"思潮给人民和国家带来的痛苦和混乱令人扼腕叹息,但文学是文学,法律是法律,没有必要要求法院对内容好坏作出评价——侵权无关作品优劣,最粗陋和最隐晦骂人的话都可能构成侵权。作家们对判决的最不满的一点就是法院要求对小说中的情节进行与事实是否一致的质证。有人甚至认为法院对小说进行核实是对文学创作的无知,是"文字狱"和"索隐法定罪"。

文学创作允许根据生活中的鲜活人物进行提炼、加工并进行虚构,这就是所谓的"源于生活并高于生活",作品中的人物似生活中的某个人物而非,正如鲁迅讲的所谓绍兴的口音、北京的人。如果一篇赞扬某人的小说,以某人为原型,某人并不会反感,也没有人要求对小说人物真实性进行核实,反之如果是一篇谴责小说,因与生活中某人相似,某人便要求保护名誉权,确实与文学创作规律不符。但是,如果一位小说家与生活中的某人有隔阂,便以仇人为原型,塑之于极其丑恶形象,使该人物遭受痛苦,使其社会评价急剧下降,即小说家如果以小说为手段对某人进行侮辱和诽谤,文学创作的规律如何能解决人间的这一问题呢?是不是任何一份文字只要冠之以小说之名,就可以成为法律的一块飞地呢?

显然,文学法则并不能代替法律规则,正像足球场的规则不能解决球员将球员踢伤的问题一样。

《妖氛》使用了真实的地点和人物,并用了与生活中相似的人物关系,但虚构了很多不实的情节对死者 W 进行侮辱,诅咒其变成牛,遭人唾弃,但事实上 W 的社会评价并非小说中所写的那样恶，遂引起了 W 的社会评价严重下降。由于小说人名与真实人名相同而情节大都属虚构，因此存在一个与事实不符问题。法院和公众认为如果作家用一个假名或假地址进行创作，丝毫不影响小说的魅力。因此法院判决作家侵犯名誉权是对的。

Z 的情况与 T 不同。《荣誉》所使用的均是假名假地，但小说中劳模于妙根的身世经历、荣誉称号，在水运行业确立的一种精神、吟诵的诗歌，参加全国巡演，于妙根的对联等均与生活中的劳模 N 一致，综合起来，使人一看于妙根就是生活中的劳模 N，但栽害他人、妻子与人通奸、离婚不成自杀、儿子与父亲决裂等情节均属捏造。

最高人民法院曾于 1993 年对侵犯名誉权作出一个解释，虽然对此前发生的这三个案件没有约束力，但其精神却已经适用在当时的案件判决中。该解释中说："撰写、发表文学作品，不是以生活中特定的人为描写对象，仅是作品中的情节与生活中某人的情况相似，不应认定为侵害他人名誉权；描写真人真事的文学作品，对特定人或者特定人的特定事实为描写对象，文中有侮辱、诽谤或者披露隐私损害其名誉的；或虽未写明真实姓名和住址，但事实是以特定人的特定事实为描写对象，文中有侮辱、诽谤或者披露隐私损害其名誉的内容，致其名誉受到损害的，应认定为侵害他人名誉权。"《荣誉》显然属于后一种情况。

最引人注目的 Y 告 G 案，此案比较特殊。Y 是一个传奇人物。他 1942 年入党,在合作化运动初期带领北方某省的一个村庄二十三户农民、三头驴建立起初级社。他们艰苦奋斗,做出了突出的成绩,被称为"穷棒子社",从此 Y、穷棒子社、三条驴闻名全国,Y 本人也曾获劳模称号,当选过人大代表,并担任过县、地、省级领导职务。但以后他蜕化变质、违法乱纪、制造冤假错案,生活腐败,情节恶劣,影响极坏,又被撤销相关职务。

农业合化期间 G 曾在合作社所在的县委工作过,与 Y 认识。某出版社出版《穷》后,Y 认为,书中虽未明示是 Y 本人,但其使用了"穷棒子王国""靠三条驴腿起家""是全国农业合作社运动的旗帜"等字眼,使人一看便知所指为 Y。文中捏造 Y"生活中腐化、经济上贪污",侵害了 Y 的名誉权。

此案的关键在于确实犯过错误而被处理过的人有没有名誉权。答案是肯定的,很多人对此案的不服正在于此。公民的名誉权与生俱来,至死方休,即使罪犯也不例外,法院可以判决剥夺政治权利,但公民的民事权利却不能以任何理由损害。愤懑不平的戴煌先生当时曾为 G 鸣不平,引用了鲁迅先生"假如指着一个人,说是:这是婊子! 如果她是良家,那就是谩骂;倘若她实实在在是做卖肉生涯的,那并不是谩骂,则是说了真实"的一句话。此话并不妥当,妓女仍然有名誉权,如果指着一个妓女谩骂,仍然可能要被控侵犯名誉权。

不过,考虑到《穷》是一部小说,而小说不是报告文学,也不是新闻报道,并不要求绝对真实,因此,对于小说,如果符合"是以特定的人和特定的事为背景"的,法律的要求应该是:基本真实。查该部小说和历史上官方作出的结论,本小说描写的情况基本属实。细心的读者会发现一审判决和二审判决的细微而很重要的差别:一、二审法院同时否定了被告抗辩的所谓的"不应对号入座"理由,这是对的,但一审法院没有在判决中说明小说中何处捏造了事实,二审法院发现了这一漏洞,于是在判决中增加了"《穷》一书将特定对象 Y 定为殷大龙,又将殷大龙描写成一个丑恶的典型,特别是虚构了殷大龙强奸、偷情等情节。在本案中,G 未能举出相关证据证实 Y 有此事实"。法院在这一判决中确立的原则要求小说件件绝对真实而不是基本真实,并由此判决。有人认为值得推敲,有人认为完全正确——正是在基本真实基础上的编造才具备了对特定人的诽谤和侮辱。(此节使用的人名为化名)

批评的界限

言论表达自由与名誉权保护的矛盾在世界上是一个争论了几百年的话题。西方国家自资产阶级革命以来有了根深蒂固的天赋人权的观念,将言论自由视为最为珍贵的人权。法国《人权宣言》斩钉截铁地标明"思想及意见的自由表达是人的最宝贵的权利之一,任何公民均可自由发言、记录、出版";美国宪法第一修正案规定"国会不得制定剥夺言论或出版自由的法律"。这些国家自认为又有比较完备的民事法律保护体系，尊重个人的人格尊严。对于这两者之间的协调，也有相对成熟的规定，如《人权宣言》在标明公民享有言论和表达自由的同时规定"滥用这种法律规定的自由必须承担责任"。美国大法官霍姆斯一段著名的话成为每一个法官耳熟能详的语录："对言论自由最严格的保护也不会保护在剧院里谎称失火，并高声叫喊从而引起惊恐的人。"①我国《宪法》也将言论自由列为公民的基本权利，同时《民法典》也严格保护公民的人格权。尽管如此，这个问题并不可能一劳永逸地得到解决，现在乃至将来也永远不会有人用一个巧妙的方法、画一根线似的将言论自由与侵犯名誉权的界限泾渭分明地划出。作家的写作自由与公民的名誉权始终是一对矛盾，因为作家的职责"是永远不与现实妥协，与现实而战"②，而现实不是无人的现实，是人与事实构成的现实。作家为批判而战，现实中的人为名誉而战，其矛盾可以个案解决却不能阻止再发生。在法国这个《人权宣言》的诞生国，也曾有作家被控诽谤罪的案例，引起作家抗议。

本世纪初，法国青年作家马蒂厄·兰东的小说《让-玛丽·勒庞案》出版。这在当时的法国文坛引起强烈反响。该书写一

---

① 〔美〕杰罗姆·巴伦、托马斯·迪恩思：《美国宪法概论》，刘瑞祥等译，北京：中国社会科学出版社 1995 年版，第 186 页。

② 〔秘鲁〕巴尔加斯·略萨：《世界末日之战》，赵德明等译，南京：江苏人民出版社 1983 年版，卷首语。

名种族主义者由于痛恨外国人而把一个外侨推进塞纳河,不仅如此,这位种族主义者公开声称"我不喜欢阿拉伯人,是的,我是个种族主义者。我决不会去外国。如果外国人不到我的国家来,我也不会杀他。"一位犹太人后裔的律师不顾家人反对为这位种族主义者辩护,判定他之所以杀外国人是因为受到法国国民阵线的影响,是该党随意发表带有严重民族主义倾向的言论,导致无知青年的盲目排外,所以真正的祸首应是让-玛丽·勒庞(老勒庞,2022 年法国总统大选候选人玛丽娜·勒庞的父亲、时任法国国民阵线主席)。

小说的出版引起老勒庞的强烈不满,他以诽谤罪控告作者马蒂厄·兰东及其出版社,要求赔礼道歉,销毁图书,并课以罚款。老勒庞的起诉让许多法国作家倍加反感,百余名作家联名签署抗议书,反对"文字狱",要求创作自由。①

各国法律都在不断探索作家的言论表达自由与他人名誉权的界限。一部分人认为,公民的言论表达自由是公民的基本自由,而健康、享受保障和安全、人格尊严是公民的基本权利。公民的基本权利如名誉权属于民事权利,人人享有,有严格的民事法律保障,而公民的言论表达自由是人的政治权利,它不像民事权利那样规定得精确而具体,所以人们在享受这一自由时往往

---

① 《译林》,2000 年第 2 期。

与他人的权利尤其是公民的名誉权利相冲突①。

前面曾经讲过,侵犯名誉权是指揭露并传播一个事实——侮辱,或者捏造不存在的"事实"或歪曲一个"事实"——诽谤,使他们的名誉受到伤害。其构成要素有四个:1. 表达者要有伤害他人的过错即故意或过失;2. 要有侵犯名誉权的具体行为和事实;3. 要有伤害的结果;4. 行为人的行为和事实与被伤害人的伤害结果有因果关系。

很多国家对这方面的研究更深入。比如,我国对被侵害人没有限制,但国外大都将国家政府机关以及民选的官员乃至公众人物如歌手和运动员在从事与其公众事业有关的活动时排除在名誉权保护之外,理由是基于"深刻的信仰原则:关于公共问题的辩论应当是无约束的、健康和完全公开的,而且完全可以包括对政府和公职官员的猛烈的、尖刻的、令人不快的批评"。即使批评所援引的事实是假的,只要不是恶意,这些官员也不能享有名誉权的保护,而举证责任在所谓的"受害人"。

至于伤害的程度,很多国家对伤害的结果分析得非常细致,如美国法院对伤害结果要求是造成感情痛苦,感情痛苦的重要因素是"令人不能忍受",包括难堪、丢人、遭遇种种困难。日本的法律要求构成侵犯名誉权的结果是引起投诉人社会评价的下

---

① 张新宝:《言论表述、新闻出版自由与隐私权保护》,《法学研究》,1996 年第 6 期。

降,而这种下降不是自己认为,而是社会公众认为的。

1992 年,吴祖光针对北京国贸大厦对两个女中学生搜身而写的杂文《高档次的事业需要高素质的员工》,引起国贸中心有关名誉权的诉讼;同年,作者潘渊之在《文学自由坛》上发表《吴若增的失落》一文引起作家吴若增的不满,认为该评论侵犯了其名誉权。这种情况也包括 20 世纪 90 年代张颐武、王干因对韩少功《马桥词典》和一封书信发表评论而引起韩有关名誉权的诉讼。

纯文学评论,不存在对事实的查证问题,只涉及对作品的评价。这与《马桥词典》案稍有不同。《马桥词典》涉及事实问题,因为被告认为《马桥词典》是一部抄袭之作,而是不是抄袭是一个事实问题。根据言论自由的原则,任何人都可对一部作品发表自己的观点,但如果评论明显超出正常评论的范围,不仅用不公正的眼光看待作品,而且用不公正乃至侮辱的语言评论作者和他人,则侵犯他人的名誉权。但是,依据当时我国最高人民法院的解释,因撰写评论而引出的名誉权纠纷应区别三种情况:文章反映的问题基本属实,没有侮辱他人人格的,不算侵犯名誉权;反映的问题基本属实,但有侮辱他人内容的,侵犯名誉权;文章失实,使他们名誉受到损害,应认定为侵犯名誉权。这三条的规定主要基于"属实"与否和"侮辱"与否,但文学评论不是一个属实不属实的问题,而且"侮辱"的概念很难判断。根据一些国家的判断标准和总结多起案件,笔者觉得一篇评论是否存在对他人的侮辱除判断作者的主观状态外,还取决于两个必不可少的因素,一个是评论是否公正,另一个则是评论是否使被评论者的社会评价降低。只有两者兼备,方可判断是侮辱。

在国贸中心诉吴祖光一案中,有报道描述的国贸惠康超市怀疑两少女拿东西没付钱,便由两名男子将两少女推到仓库,并对其进行搜身,最后发现她们什么也没有拿,两少女觉得受了屈辱,"冲冠一怒为自尊"状告国贸中心。吴先生看到这一消息后怒不可遏,一挥而就《高档次的事业需要高素质的员工》一文。该文除了重复上述报道外并没有过多的评论,只是对报道中"一服务员见两个少女不停地流泪便对她们说:'别这样嘛,这无非是一个女孩子的自尊心受到伤害嘛!'"作出批评,认为这位服务员讲的话是"混账话",尔后又针对国贸中心一女总监公开讲"惠康超级市场是北京地区唯一允许顾客带包入内的自选市场,这样的目的是为方便顾客,尤其是外国顾客"作了严厉谴责,认为说这句话"不自觉地流露出扎根深远的洋奴意识"。用上述判定是否侵犯名誉权的标准来看,吴的评论确实使国贸中心的社会评价降低了,但这篇评论本身是公正的,造成该商场名誉受损的不是吴的评论而是他们自己的行为,因此不能判断是"侮辱",法院因而判定吴没有侵犯国贸的名誉权。

在另一篇小说评论"吴若增的失落"的案件中,被告达到构成"侮辱"的两个条件。20世纪90年代初,天津《小说家》杂志举办"精短中篇擂台赛",一部小说登场,下一个作家便打擂,天津名作家吴若增便上台打擂,写了篇《忘记了月光》。巧合的是,在该小说中,吴若增塑造了一个男主人公(也叫吴若增,也是作家),通过主人公"吴若增"的日常生活际遇,反映了"吴若增"对现实世界尤其是文坛的不满与愤慨。这篇小说写得不错,否则《小说家》杂志也不会发表,但评论家 P 不以为然,写了一篇杂感《吴若增的失落》(也算一篇评论)投往冯骥才主编的《文学自由谈》,结果引起吴若增的不满,并以它是一篇"侮辱、诽谤、中伤"之文向天津市和平区法院起诉侵犯名誉权。

由于小说中人物姓名、身份与真实作者一样,P 对小说中人物和现实中人物进行了一并讽刺。该评论认为吴的小说《忘记了月光》"故事平淡、人物干瘪、语言乏味、意念浅薄——说它是一篇'文学函授学院'学员的习作似乎并不过分","这个貌似深刻实则无端愤怒的'大作家'吴若增看起来像个日常生活中凡人不理但却喜欢在火车上向陌生女孩卖弄深沉和胆识的男人","作者吴若增时时感受到自身的不平衡状态:他应得的名声、利益之类没有得到。人们其实也早已发现了另一种名不副实的状况,即使他得到的'大作家'名声大超过了他的创作实绩","吴若增写作中的确缺少才华,特别是当他痛骂世俗的'钻营被看作才华'观念之后,他好像更是没才华了……但在我看来,吴若增更像一个蹩脚的小商人,他简直就是'真理批发部'的伙计:挂着'作家吴若增'的字号,以挥泪大甩卖的劲头向众人推销他的真理……他痛感失去了活下去的理由,对生活痛加指责,却又没勇气结束自己的生命,还死乞白赖地活着。意识到这一点,当面对这个批发真理的商人吴若增时,我们只感到恶心"。如果话说到此为止评论者还算是对小说中的"吴若增"进行评判的话,那评论的最后就是直抵生活中的真实作家吴若增了:"这次吴若增登擂,虽是津门第一好手的架势却好像被一招老拳打得满地找身一样败下台来。在参赛的作者中,众多看客认为,唯有他败得最为爽快……当然以《忘记了月光》这般三脚猫似的把式,上台表演一翻愤世嫉俗,吴若增倘若不被打趴在地,反而是怪事一桩了。"

依照当时的司法解释,很难说本文对作家吴若增的评论属实不属实,是否"侮辱"的界限也不很明确。如果运用公正性和被评人社会评价是否下降这两条标准,则可判断,这样的评论不但使吴的社会评价下降,而且评论也是不公正的,因此,这篇评论侵犯了吴的名誉权。

出版单位有无责任?

对于图书和报刊上发表的作品,如果被控乃至最终被判决侵权,出版单位是否也应承担法律责任? 如果需要承担责任,应承担何种责任? 长期以来,这一问题一直在争论。有人说:出版单位应当承担法律责任,因为侵权内容在发表之前并未造成侵权后果,只是通过出版的传播才造成了危害后果,而且出版单位应当知道,也应有义务预防这种后果的发生;不同意这种观点的人认为,出版单位对发表的文章没有查实的义务,因为这不可能,也无法实现,我国早已形成了文责自负的传统。

这两种相反的观点曾经在《青春》杂志发表《妖氛》、作者被判诽谤罪后引起巨大争论。原告方认为:最高人民法院于1988年在答复上海市高级人民法院就报刊涉及的这个问题时曾规定:"报刊社对所发表的稿件,应该负审查核实的责任。因此,其稿件如侵犯了公民的名誉权,作者和报纸杂志社都有责任,可将报纸杂志与作者列为共同被告。"

《青春》杂志的诉讼代理人金辉律师曾对笔者提出了他自己的看法。他认为这条规定并不完备,因为超过了本需解决的程序问题,即对杂志社可否列为共同被告作出司法解释,而对本应属于诸如出版法规解决的实体问题,司法解释则不宜作如此批复;再者,报刊上发表的文章种类万千,对于小说来讲,报刊难道有责任核实其真实性吗?金律师认为核实小说的真实性是个天大的笑话,因为小说就其本身来说就不真实,而《青春》杂志在当时发表《妖氛》时,明确标上了"小说"字样,因此不应该让《青春》承担法律责任。

1990年11月10日案件公开审理。法院做了大量的工作,并征询双方意见,因调解基础不复存在而作出判决:

　　《青春》杂志在《妖氛》作者因创作此文被判诽谤罪，追究刑事责任以后，仍然不采取补救措施，因此被告应承担民事责任……被告应在本判决生效后一个月内，在《青春》杂志月刊上刊登经法院认可的为 W 及三原告澄清事实，消除影响的文章，并在本判决书生效后十日内一次性赔偿三原告经济精神损失人民币 3875.72 元。

　　因此案牵涉到杂志社对刊载的小说是否有核实义务的重大问题，此判决公开后引起了舆论争议。江苏省高级人民法院曾在江苏省法律年会上研究过此案，与会绝大多数代表认为《青春》不应承担责任，因为作者既然以小说投稿，编辑部当然不可能相信其中有真人真事。法律、新闻、出版界对这种观点一致表示认同。然而就在法院将此案上送最高人民法院汇报时，最高人民法院却在 1992 年 8 月 14 日作出了具有法律效力的司法解释：

　　　　出版单位刊登侮辱、诽谤他人的小说，在作者为此已被以诽谤罪追究刑事责任后，出版单位仍不采取措施为原告消除影响的，致使该小说继续流传于社会，扩大了不良影响，侵害了原告的名誉权。因此出版单位应当承担民事责任。

对有法律效力的解释，法院当然有执行的义务，然而这并没有停止社会各界对此案的纷纷议论。新闻出版界人士认为，这条解释似乎要求报刊社对小说也要负责核查，这使刊发小说的杂志变得心有余悸；一些法律界人士也对此提出异议，他们认为，根据最高法院的解释，《青春》杂志是以不作为的形式来侵权的，也就是说，法院判定杂志社侵权并不是因为它发表了小说这种行为，而是因为它在小说作者被判诽谤罪之后仍没有采取补救措施消除影响，然而对这种不作为的行为负责任，必须是在法律上有作为的义务才行，而任何法律都没有规定，期刊在作者被判刑后必须登载启事以消除影响，法院的刑事判决只对作者 T 有效，怎么要求《青春》也要来承担义务呢？更何况当初原告起诉《青春》时，二审判决刚刚下来还不到一个月，还没容《青春》来登载启事、消除影响，而原告是以作为行为即登载小说而起诉而不是以不作为行为即不消除影响来起诉的，从这点来说，最高人民法院的解释超出了原告的起诉要求。有的律师还说：既然原告已经向法院起诉了，在是非黑白还没有判定以前，编辑部不应承担刊登启事、消除影响的义务，因此这个判决值得商榷。

综上所述，小说出版与新闻、纪实和报告文学不同，也不能将文艺作品和新闻类作品作简单划分，因为文艺作品中有虚构与非虚构的重要区别。在担责方面，出版单位与创作者应该有所区别，即使是创作者有责任，出版者也未必一定应该承担责任，因为创作者创作时的心理状态与出版者出版时的心理状态是完全不同。

在著作权的侵权案件中,涉及作者抄袭和剽窃的案例很多。创作者在"创作"过程中对于是否"抄袭"或"剽窃"是十分清楚的,否则不可能那么相像,而出版者则是完全不清楚的;在"虚构"中,创作者对内容与生活中对应的情节人物和事件的关联程度是十分清楚的,而出版者也是完全不清楚的。因此,在虚构类文艺作品的侵权与著作权抄袭的侵权的案件中,出版者应该难以、事实上也不应该要求出版者负有核实的义务,而新闻类作品和纪实类文艺作品涉及侵权行为的,出版者应该承担核实义务。

尽管在虚构类文艺作品的侵权与著作权抄袭的侵权的案件中,出版者难以履行、事实上也不应该要求出版者负有核实的义务,但毕竟侵权行为是通过出版这种传播方式发生的,都说著作权是"不传播无权利",但更是"不传播则无伤害"。比较理想的办法是可以仿照信息网络传播权中的"避风港原则"来处理。也就是说,如果虚构类作品发生了侵犯他人人格权,一般作品发生了抄袭、剽窃他人作品的情况,出版者在接到受害人请求后应该立刻采取行动,启动核实程序,并要求创作者作出说明;如果创作者未能作出令人信服的证明,出版人应立即停止发行并作出声明。如果说是承担责任,也应该是未及时采取动导致侵权结果加大或未能及时去除的责任。从这一点来说,当初法院判决刊登《妖氛》的《青春》杂志侵权的理由是可以接受的:未及时采取措施。当然,这种情况仅适合出版人难以核实,且标明是虚构类的文艺作品,以及同样难以核实的抄袭、剽窃类作品,而对新闻类作品、纪实类文艺作品以及无关属实与否的评论类作品则不适用,因为在这种情况下,出版人的能动性和判断力是可以认定的。

从《最高人民法院关于侵害名誉权案件有关报刊社应否列为被告和如何适用管辖问题的批复》《最高人民法院关于徐良诉上海文化艺术报社等侵害名誉权案件的函》到《中华人民共和国民法通则》,再到《最高人民法院关于审理名誉权案件若干问题的解答》(1993 年)、《最高人民法院关于审理名誉权案件若干问题的解释》(1998 年),直到最新的《中华人民共和国民法典》,以及经过三次修改、共四个版本的《中华人民共和国著作权法》,法律对出版人责任承担的认识在不断完善。其中,1993 年的《最高人民法院关于审理名誉权案件若干问题的解答》中第九条规定的"编辑出版单位在作品已被认定为侵害他人名誉权或者被告知明显属于侵害他人名誉权后,应刊登声明消除影响或者采取其他补救措施;拒不刊登声明,不采取其他补救措施,或者继续刊登、出版侵权作品的,应认定为侵权"内容,体现了我国法院对出版单位是否承担侵权责任的认识达到较高、较全、较科学的水平,其精神基本为今日《民法典》所吸纳。《民法典》第一千零二十八条"民事主体有证据证明报刊、网络等媒体报道的内容失实,侵害其名誉权的,有权请求该媒体及时采取更正或者删除等必要措施"的规定,与 1993 年《解答》第九条基本一致,与"信息网络传播权"的避风港原则也有异曲同工之妙。

第三章

非法与违禁

我国各级新闻出版行政管理部门一般设有反非法反违禁局或反非法反违禁处，从上到下还设有"扫黄打非"工作领导小组，工作小组办公室一般与反非反违局（处）合署办公。20世纪90年代也曾短暂设立过各级社会文化工作领导小组及其办公室（简称社文委和社文办），其职能类似于今天的反非法反违禁局（处）。如今，省及以下层次的行政执法队伍进行了整合，职能统一由归属于文化和旅游厅（局）下属的文化执法总队、支队、大队部门行使。普通百姓搞不清他们的具体工作职能和工作方法，对社会文化的概念更是一头雾水，"扫黄打非"也经常说颠倒（如"打黄扫非"），对"扫黄打非"的书面表达是否要加引号也前后上下不一致，对总队、支队与大队哪个是上级部门、哪个是下级部门也弄不清楚，误以为"大队"级别最高，实则最低：省里叫总队，地市叫支队，县区叫大队。其实，扫黄与打非有交叉的地方，"黄"有"非"与非"非"，"非"也有"非"与"黄"，因此，现在的"反非法反违禁"的部门称谓相对准确，不过后面没有"出版物"三个字有点令人疑惑，给人以他们还要管其他非法与违禁行为的错觉。事实上不是，他们主要负责查处与出版相关的非法活动，以及与出版相关的违禁内容的生产和传播。

用最简单的一句话来大致描述非法出版与违禁出版的区别，就是：非法出版活动不是合法出版单位做的"出版行为"，违禁出版是合法出版单位出版了违禁的内容。如果再简单提炼，那就是非法出版活动是主体不合法，违禁出版物就是主体合法而内容违规。当然,这只是最大限度地辨析它们的差异,并非百分之百的准确,还有很多细节需要厘清,还有少许地方或许有重复,或许不明确,比如买卖书号的行为,以书代刊的行为,多本书看起来是丛书却又不完全有关联却用一个书号的行为,等等。本书是一本探讨如何做好时代出版工作的著作,而关于非法出版活动的研究已经非常深入,南京大学张志强教授在 20 世纪 90 年代即有一本关于非法出版研究的专门著作出版,本人也参与了那个国家课题的研究,在此不表。

违禁内容

违禁出版的关键是正式出版物中出现了禁止刊载的内容。哪些东西是禁止刊载的呢?《出版管理条例》作了明确规定。第五条规定了总的原则:"公民在行使出版自由的权利的时候,必须遵守宪法和法律,不得反对宪法确定的基本原则,不得损害国家的、社会的、集体的利益和其他公民的合法的自由和权利。"在后面的数个条款中,细化了禁载内容。其中,第二十五条规定任何出版物不得含有下列内容:

（一）反对宪法确定的基本原则的；

（二）危害国家统一、主权和领土完整的；

（三）泄露国家秘密、危害国家安全或者损害国家荣誉和利益的；

（四）煽动民族仇恨、民族歧视，破坏民族团结，或者侵害民族风俗、习惯的；

（五）宣扬邪教、迷信的；

（六）扰乱社会秩序，破坏社会稳定的；

（七）宣扬淫秽、赌博、暴力或者教唆犯罪的；

（八）侮辱或者诽谤他人，侵害他人合法权益的；

（九）危害社会公德或者民族优秀文化传统的；

（十）有法律、行政法规和国家规定禁止的其他内容的。

在第二十六条中，还规定了以未成年人为对象的出版物不得含有诱发未成年人模仿违反社会公德的行为和违法犯罪的行为的内容，不得含有恐怖、残酷等妨害未成年人身心健康的内容。这条规定，暗含了我国图书的分级制度，尽管国家机关和任何权威人物从未说过这是分级。对于所有少年儿童出版社或出版青少年儿童阅读内容的其他出版单位，必须深刻领会这个条款的含义，切不可以成人视角看待书中内容。一切低俗、暴力和恐怖的内容，即使成人能接受，也不能出现在以未成年人为主要读者的书中。

另外，第二十七条还规定，出版物的内容不真实或者不公正，致使公民、法人或者其他组织的合法权益受到侵害的，其出版单位应当公开更正,消除影响,并依法承担其他民事责任。报纸、期刊发表的作品内容不真实或者不公正,致使公民、法人或者其他组织的合法权益受到侵害的,当事人有权要求有关出版单位更正或者答辩,有关出版单位应当在其近期出版的报纸、期刊上予以发表;拒绝发表的,当事人可以向人民法院提起诉讼。这个条款是对报刊出版单位的保护,在本书前述内容中曾经叙述过,类似于发表侵权作品的网络单位适用的"避风港原则"。但这条只适合于报纸和期刊单位而未能将图书出版单位同样包括进去,是出于怎样的考虑,似乎从未见正式的解释和研究。

出版单位每位编辑都要对《出版管理条例》学深学透,把好内容关,清醒地知道什么内容不能刊载。即使内容不完全属于禁载内容,但如果在禁载内容的边缘,一本书看不出来,久而久之就容易形成前文所讲的导向问题。

尽管有第二十五条的规定,但编辑仍应动态了解国家主管部门的各项文件规定。第二十五条只是确定的原则,没有规定实施细则。比如要理解何为危害国家统一、主权和领土完整的内容,就要特别注意各项出版规定,比如关于地图的出版规定。多年来,在很多出版物中都会出现地理特别是地图的问题,将我们国家的国土面积"丢失"一块或多块。因此,出版地图便要求预先进行地图审核,以保证准确。前几年,国家主管部门在对地图出版物市场进行抽查时,发现出版物中地图使用存在不少问题,于是进行了专项清理和审核,从严把关地图出版行为,现在情况有了好转。同样,书稿内容严格禁止出现"煽动民族仇恨、民族歧视,破坏民族团结,或者侵害民族风俗、习惯的"内容,因为我国是统一的、多民族组成的国家,各民族一律平等、相互尊重。特别是,国家在不同历史时期的民族宗教政策会有所变化,近年来特别强调铸牢中华民族共同体意识。在过去少数出版物中,违反国家民族政策的图书也时有出版,引起部分群众的反感和批评。一般出版社的普通编辑,对国家的民族政策不熟悉,对多样的民族知识了解不够,包括对一些宗教政策和宗教内容知之甚少,难免发现不了书稿中的错讹和导向偏误。因此,出版这类作品必须进行严格的审核报批手续,防止错误内容发生。

违禁的内容不是非常容易被发现的,有时候往往是进入市场、由读者阅读才发现的。比如最近出版的一名著名汉学家撰写的关于丝绸之路与草原文明的著作,出版后被相关学者发现有问题,结果因该书涉及中国历史上的疆域与国家认同问题而被下架。这样的事例非常多。有些书是因为编辑一时判断力有问题未能深察;有些书不是因为编辑判断力有问题而是自己骄傲地认为能够通过修改增删解决这些问题;有些书是因为编辑无法知道但在图书出版之后因书中人物包括作者出现了当初出版时无法预见的事件而引起舆情;还有些书则相当复杂,无论是引进版还是大家创作,内容暗含机理,观点隐晦,编辑无法察觉;更多情况下是编辑也认为有问题,但要么轻信能避免能发现,要么一心为发行量而考量。至于像《平安经》这样的图书能够出版则是"奇迹",因为内容荒诞、形式诡异、层次低级,任何编辑都会拒绝出版。这本书的内容虽然在相应文件和规定中难以找到判定为违禁的依据,但明显达不到出版水平且毫无意义。之所以能出版,要么是编辑屈服于权力(作者是公安厅领导),要么能获得可观的出版费用。

不过,违禁是个历史概念,也是一个动态的概念。一本在欧美畅销、受人欢迎的图书,在中东可能是违禁品;多年前的禁书,今日却是经典;在相对开放的国家和相对开放的年代是经典著作,而在相对保守的年代和相对保守的地区则被判为淫书。斯坦贝克的《愤怒的葡萄》《人鼠之间》,海明威的《太阳照常升起》都曾在美国多个州被下架。出版单位和编辑人,有时候很难脱离自己的时空,只有少量伟大的出版家才会慧眼独具,在争取出版自由和遵守社会公序良俗中求得均衡。

色情与淫秽

古今中外,海淫海盗的出版内容都会被查禁,只是程度不同。海盗之书,教导人烧杀抢劫进行犯罪,世所共禁,史所共禁;海淫之书,教导人违背社会伦理,沉湎人欲,亦为多国所禁、自古所禁。但各国尺度不同,价值观亦有所差异。有些国家实现出版物分级制度,有些明确规定售卖地点,一些国家则泛滥成灾。

我国是文明古国，公开出版物中严禁宣扬色情形象。在发现的中国历代禁书目录中，"反书""妖书""淫书"都在查处之列。"反"是不利于统治思想的书，"妖"是迷信荒诞、宣扬邪教的书，"淫"是宣扬色情淫荡形象的书，这三种图书成为历史上屡禁不绝、屡出屡禁的文化现象。

明朝江西万安人罗学渊曾经编写了一本《大明易览》，里面的诗词尽是咏狗、跳蚤和虱子以及丑陋妇女之类的低俗作品，被皇帝和大臣判为"妖言"而被查禁。古代统治阶级除了严厉查封各种不利于统治思想的著作外，还查处各种淫秽色情图书。在明清两代特别是清朝，查处的涉及淫秽色情图书的目录大大超过所谓政治上"反动"的图书。[①]

清朝对所谓的淫词小说的打击达到顶峰，超过明朝。清圣祖曾下谕说：

> 朕惟治天下，以人心风俗为本。欲正人心，厚风俗，必崇尚经学而严绝非圣之书，此不易之理也。近见坊间多卖小说淫词，荒唐鄙鄙，殊非正理，不但诱惑愚民，即缙绅士子未免游目而蛊心焉。所关于风俗者非细，应即能行严禁。（《圣祖实录》卷二五八）。[②]

---

① 陈正宏、谈蓓芳：《中国禁书简史》，上海：学林出版社2004年版，第163页。
② 同上，第236页。

据陈正宏和谈蓓芳的研究,在《大明律》中并无淫词小说的处理规定,而到了《大清律例》则有明文规定,不仅没收图书,销毁印版,还要处以流、杖甚至徒刑。从此以后,禁风更甚,甚至对查处不力的官员都要严格问责。在乾隆年间,《西厢记》《水浒传》的满文版被列为淫书,到后来的咸丰、道光年间,《西厢》《水浒》《牡丹亭》均被列为淫书而查禁,当然,《水浒》不但被列为淫书,还被列为妖书。①

上海学人李梦生曾在章培恒、陈正宏和谈蓓芳《历代禁书大观》的基础上,专门研究中国历代禁毁小说,出版有《中国禁毁小说百话》并于 2017 年在上海辞书出版社出版。他得出的结论相似,除了法律规定以外,在明以前查封的淫秽小说数目不详,到了清朝才有大量图书被查禁,在道光年间开始大批量发布查禁目录,主要地区则发生在江浙两省。事实上,清朝出版商曾经出版了大量的色情小说,其书目可以说是"宏富"。为了正风尚,甚至有人编写出版《远色编》,号召大家远离淫书淫画:

> 世间恶事,再无过于画春宫者,将使天下识字不识字之人,一概醉心神驰,同入禽兽之域,岂非恶极?

江苏按察使裕谦曾出具公告,严格整顿淫书淫画,认为"淫

---

① 陈正宏、谈蓓芳:《中国禁书简史》,第 165 页。

词小说,坏人心术",至于淫画,则"显导邪淫,较淫书更甚。盖淫书尚须粗知字义,始得阅看;淫画则无论男女老少,一目了然"。当时苏州阊门、虎丘等地当时公开悬挂春宫画售卖,并可以当场按需创作,"盒底镜背,无不绘画"。为此,按察使痛心疾首,认为"寡廉鲜耻。若不严行禁止,何以端风化而正人心!"[1]按察使如果在八九十年代看到遍地沿街兜售的黄色录像带或今天如大岛渚等人拍摄的日韩电影,一定会主动要求担任专项整治领导小组组长,痛下决定,一举根除,并严厉追究当地放纵官员的责任。

不惟我国如此。在国外,色情、淫秽出版物长期处于被禁状态。在16世纪晚期,由于印刷术的广泛发展,诗歌、小说开始大范围流传,在英国也一度流行所有夹杂淫秽内容的图书,受到社会各界人士的广泛批评。[2]各国法律,即使是现在所谓尺度较宽的国家,直到20世纪上半叶,对淫秽色情的图书采取的态度也是"零容忍",出版、进口、零售被判为淫秽色情的图书要承担刑事责任。只是到了20世纪下半叶,才有了一定程度的宽容度。

举著名的《查泰莱夫人的情人》为例。这本今天被视为经典的小说,直到1960年才在英国解禁,而在解禁之前、创作之后的几十年中,仅在英国出版过删节本。在法国拍摄的同名电影公映,以及在1959年下半年全本在美国出版发行后英国才正式解禁。

---

① 李梦生:《中国禁毁小说百话》,上海:上海辞书出版社2017年版。
② 钱乘旦总主编:《英国通史》第三卷,南京:江苏人民出版社2017年版。

如何认识作品特别是文学作品中的性描写，是一个十分复杂的问题。子曰"食色，性也"，表明性是人类的基本需求。今天在各种各样的文学作品中，都有不同程度的性描写，即使是歌颂纯粹爱情的作品，也与性的这种形而下的需求相互参照表达。性的需求以及在作品中的表达，既不能无视，也不能沉湎。过度的无视，不符合实际；过度的沉湎，是一种变态。鲁迅说"一见短袖子，立刻想到白胳膊，立刻想到全裸体，立刻想到生殖器，立刻想到性交，立刻想到杂交，立刻想到私生子。中国人的想象惟在这一层能够如此跃进"，是对伪君子的莫大讽刺。

卡尔维诺这位伟大的文学家关于文学创作的思考见之于他的《文学机器》。在其中"领域的界定：色情（性与笑）"一节，他对文学中的性描写进行了迄今为止较为全面和深刻的思考。无法判断他是否看过我们圣人惜墨如金的"食色，性也"四个字观点，但卡尔维诺与先圣人惊人相似地认为性与生活中的其他事情并无二样。

> 需要确定的是在这种情况下，是否可能通过对于性关系的一种直接、客观和公正的反映，将它表现为和生活中发生的其他事情一样的事情，从而使性关系不再如同一种神话。[1]

---

[1] ［意］卡尔维诺：《文学机器》，魏怡译，南京：译林出版社 2018 年版，第 328 页。

在卡尔维诺看来,"将性欲遮盖起来的那层厚厚的象征性铁甲,不过是一个有意识或无意识的屏蔽系统,将欲望和对它的表现分隔开来。从这个角度来讲,所有的文学都是色情的,就像所有的梦都是色情的一样。在那些明确的色情作家当中,我们可以辨认出一些试图通过新的符号来谈论其他东西的作家。"在确认所有作家和所有文学作品的企图后,他描述了大部分作家在文学创作中对性的描写普遍采取的方法:

> 在文学上,性行为是一种没有讲出的内容比讲出的内容更加重要的肢体语言。这条原则不仅适用于基本上以间接的方式谈论性主题的作家(不论理由是对还是错),也适用于那些将自己作品的所有力量都倾注在这些话题上的作家。甚至希望使色情想象超越任何障碍的作家,最终也会使用一种开始极其明确,然后恰恰在情节最为紧张的时刻变得神秘和含糊的语言,就好像他的目标只能不可言喻。这种围绕着不可言喻的旋转,或者从它旁边轻轻擦过的螺旋形运动,是最极端的色情作家们的共同点,从萨德到巴塔耶,再到好像严格将性排斥在作品之外的作家,如亨利(Henry James)。[1]

---

[1] [意]卡尔维诺:《文学机器》,第 327 页。

卡尔维诺认为在文学作品中存在夸大性描写与厌恶性描写两种态度,前者视之为美好,后者视之为罪恶,这都不足取,不过他提醒在现代或后现代性社会中,在大量都市化生活加剧"去性化"生存的状况下,需要"性神话"来对这种巨大的危险进行"补偿和恢复"。

一个世纪以来,人们对作品的性描写的尺度有广泛而尖锐的争论,总体来看,尺度渐宽的趋势明显。

作为 20 世纪最伟大的出版人之一,美国著名出版人巴尼·罗塞特独具慧眼地发现了一批 20 世纪一时被忽略的伟大作家和伟大作品。他大力推动这批禁书的起死回生,包括《查泰莱夫人的情人》《北回归线》等经典著作在美国的出版,以出版法国荒诞派剧作家贝克特的作品和美国垮掉的一代的作品而赢得巨大声誉,并于 2008 年获得美国国家图书奖杰出贡献奖。从 1954 年开始,罗塞特准备出版《查泰莱夫人的情人》一书,但英国邮寄到美国的四本样书被纽约海关没收,理由是"根据关税法,涉及淫秽,必须扣押和没收"。罗塞特经过 5 年艰苦卓绝的"诉讼战和游击战",动员一大批律师、评论家和出版家(包括当时的哈佛大学出版社社长),于 1959 年底出版足本,几十万册一销而空,一时"纽约纸贵"。

20 世纪 60 年代初,罗塞特出版亨利·米勒的《北回归线》,并在 1963 年发行 200 多万册。然而,该书却至少在 57 个美国城市遭到查禁,并因"淫秽低俗"而被邮局反复没收;警方也采取大量、多次行动查没图书,并拿捕 57 位员工,罗塞特也被刑事拘捕。根据纽约州刑法第 1141 条,"出售……或持有意图出售的任何淫秽色情、下流猥亵、低俗恶心的个人……犯有轻罪"。罗塞特于是开足马力,动员 198 位美国重要作家、评论家和 64 位出版公司的负责人联署声明,要求取消对《北回归线》查禁。官司一直打到最高法院,最高法院驳回了州法院的判断,判决罗塞特无罪。

美国最高法院大法官威廉·J.布伦南大法官在终审此案时的理由为后世所称赞:

> 我们认为,以鼓励思考或具有文学、科学或艺术价值或任何其他形式的社会重要性之方式描写性的材料不应被扣上淫秽的帽子,而拒之于宪法的保护之外。此类材料的宪法地位亦非取决于其社会重要性与性吸引力之间的"权衡",因为除非一部作品"完全"不具有社会重要性,否则我们不能加以禁止。[1]

在我国,对文学作品中性描写与对淫秽色情作品的认识和

---

[1] [美]巴尼·罗塞特:《我的出版人生》,张晓意译,北京:东方出版社 2019 年版,第 269 页。

作者收集的《查泰莱夫人的情人》原版书、碟片
湖南人民出版社的版本和译林出版社的两个版本

判定也经过了一个历史过程。20世纪80年代中期，湖南人民出版社出版了饶述一先生所译足本《查泰莱夫人的情人》而被查禁二十余年，出版社中的"人民"两个字一度也被禁止使用而变成"湖南出版社"。享有此待遇的还有后来的海南人民出版社，不过海南人民出版社没有湖南人民出版社幸运，从禁用之后至今再也未被恢复，只能以海南出版社之名从事出版活动至今。据译林版《查泰莱夫人的情人》译者前言披露，此书在世界开禁二十多年后的1985年，在我国出版的《现代英国小说史》中，这部传世经典仍被称为"黄色淫秽"小说。

随着社会进步、对外开放和我国文化事业的多年发展，我国管理部门和出版单位对这一问题形成了比较正确与科学的制度和做法。根据我国的《出版管理条例》，出版物严禁含有宣扬淫秽的内容；《中华人民共和国刑法》对制作传播淫秽物品罪亦有法可循。对什么是淫秽、什么是色情，什么是合规、什么是违规，也有明确、详细和可操作的规定。

根据1988年国家主管部门对淫秽及色情出版物的认定标准，淫秽出版物是指整体上宣扬淫秽行为，具有文件规定的七个方面的内容，挑动人们的性欲，足以导致普通人腐化堕落，而又没有艺术价值或者科学价值的出版物。这七个方面的内容，包括淫秽性地描写性行为、性交及其心理感受，公然宣扬色情淫荡形象等令普通人不能容忍的淫秽性等性行为。这个认定标准区分了淫秽与色情，将色情出版物定义为具有以上七个方面的部分内容,但整体上不是淫秽出版物,且不具有艺术或科学价值的出版物。

主管部门除肯定性地认定上述构成淫秽或色情出版物标准外,还特别否定性地排除了淫秽出版物和色情出版物的认定:如果一个出版物夹杂上述七个方面的内容,但是具有艺术价值的文艺作品,以及涉及人体的美术作品,涉及自然科学和社会科学中的生理知识、生育知识、疾病防治和性知识、性道德和性社会学方面的作品,不能被认定为淫秽或色情出版物。

根据笔者多年工作经验,编辑在出版含有淫秽或色情内容的作品时,须着重把握是否整体上是淫秽或色情作品以及是否有艺术和科学价值这两个核心要点,既不能将本来具有艺术价值和科学价值但含有淫秽和色情内容的好作品弃之门外,更不能将艺术上无价值且整体上宣扬淫秽色情的作品纳入出版计划。难点在于对很有艺术或科学价值但在性方面过细过深描述的作品的把握。稳妥起见,编辑应尽量避免作品负面内容的过多呈现。这需要编辑的经验积累和出版社上下的共同判断。

出版是引领社会风尚向上、向善的活动。向上,要求出版物必须为国家文明进步服务;向善,要求出版物向读者提供真善美的内容。出版人必须以孔子所言"仁智勇"的气概砥砺自己,明晰自己使命所在,决不为荒诞不经的内容、虚假编造的消息以及伤害他人权利、影响国家发展的愚昧、无知、错误的价值观提供出版平台。